30歲前一定要搞懂的自己

安定50萬人心的權威心理醫師

金惠男／著　蕭素菁／譯

韓國暢銷超過50萬冊，話題不斷，媒體爭相報導！

度過30歲險灘的「心靈墊腳石」

《Hangurae新聞》記者金日珠

本書將跨入30歲門檻中或多或少都曾經歷過的許多煩惱丟入心理學廣闊的網絡中，然後加以分析。作者有時像是心理分析醫師，有時又像人生的前輩，把自己的經驗談融入，精闢地解析30歲人的心理。

雖然心理學者艾瑞克森認為30歲在個人的發展上並沒有明顯的議題或變化，所以將它稱之為「未知的時期」，但作者卻認為現在的30歲不同，而且認為這是相當特殊的時期。以前的人大多在20歲中半以後結婚，到了30歲就要把全副精神放在工作和家庭上，所以30歲並不是會有什麼大轉折的年紀。然而到了現在，30歲已經變成過度期，必須在離開父母獨立前，好好安撫內心的不安、提升自己，可是這時候卻需要把時間全都花在就業準備上，然後一下子就被推向社會，結果讓30歲變成最徬徨的時期。

雖然「30歲是一段令人失望的時期，它讓我們看到在當初自己所輕蔑不屑的世俗裡，我們是如何拚命地想要往上爬」，但作者仍然用這段話鼓勵30歲的人：「30歲是個受到祝福的年紀，這時不僅能以好奇心及熱情來面對人生，同時也開始能以更寬廣的態度在接受人生。」「所以相信自己，然後勇往直前吧，因為你都是對的！」

30歲，驀然回首只有傷感？

《東亞體育報》記者邊仁淑

這本書的內容和30歲所遭遇的煩惱有關，因而形成話題。

「30歲世代」經歷了就業困難和雇用不安，結果在耗盡青春歲月、卻毫無準備的情形下邁入成年。

對他們而言，能像媽媽或姐姐般給予溫暖建言的書就是這本《30歲前一定要搞懂的自己》。在這本書中，作者利用連續劇或小說等大眾文化題材當成案例，更增添閱讀本書時的樂趣。

以「為什麼拚命想裝酷？」、「堅持理想情人類型者所犯的錯誤」、「把人生當成功課的人」等35個主題，揭開現代人凡事憂慮的原因。

雖然以30歲為讀者群目標，但卻是不限年齡、都能引起共鳴的書。

30歲，尋求出路，出版界也引發「30」話題

《東亞日報》記者鄭良煥

30歲，是一場盛宴的結束或開始，也是該瞄準逝去的愛會在哪裡出現的年紀，所以既害怕又惆悵 —— 不，同時也充滿了希望。而我們「那時候」會在哪裡呢？

就生物學來說，30年是相當長的一段時間，可以讓一個人成年，也足以改朝換代。所謂「而立」，有人說是指心定而不

動搖，於是對那些快逼近的人、甚至那些不經意就跨越過去的人，30這個字便讓他們的心搖擺不定。

《30歲前一定要搞懂的自己》認為30歲不是而立的年紀，「我的人生到底出了什麼問題？」、「我真正想要的是什麼？」、「我還會有愛情嗎？」，這些問題可以看出30歲和10歲、20歲沒什麼太大的不同，一樣是充滿了不確定性和恐懼的年紀。

然而不知從何時起，那個年紀的人開始雜念叢生。和歐美不同，韓國的20歲世代多半還必須依賴父母，無論是經濟上還是精神上，可是到了30歲就不能再猶豫了。畢業、職場、結婚、出社會……在完全沒有緩衝期的情況下就要自行做出決定，眼淚也只能吞下去。而《30歲前一定要搞懂的自己》對這顆哭泣的心伸出了肩膀，「沒關係，不會有問題的。」

韓國18屆議員最常看的一本書

《東亞日報》記者柳原植

根據國會圖書館18屆國會開議以來十個月間的借書記錄來看，借出記錄第一名的是美國總統歐巴馬所寫的《敢於大膽希望》，而借出記錄第二名的則是《30歲前一定要搞懂的自己》。開議以後新國會裡的幕僚人數增加，看起來這本書應該是他們借的。

暢銷心理學書籍和明星作者

《中央日報》記者李恩珠

《30歲前一定要搞懂的自己》一書分析30歲的人為何覺得孤單、憂鬱。作者在本書出版之後，收到許多讀者提出的疑問，於是又出版了續集《心理學給30歲的答案》，因為讀者的問題實在太多了。作者提出建言，希望大家「喜歡平凡的自己，儘管生活沒什麼特別，但還是要好好擁抱它。」切記，不管是誰都曾經徬徨過，所以要具體拿出解決現實問題的方法來克服不安及恐懼。書中問「你，這裡的心會痛吧？」這種作者溫馨安慰讀者的功力，加上30歲中半編輯的企劃功力，才會造就出這本暢銷書。

對不安的「第二青春期」傳達溫暖的心理安慰

《30歲前一定要搞懂的自己》作者金惠男

對韓國的女性來說，30歲是個曖昧的時間點。結婚或生產略嫌晚了些，對於尋求更好的「對象、工作、人生」也有許多煩惱。她們認為自己正處於仍在成長中的「第二青春期」，這時候的心靈容易受傷，而且覺得自己像孤島一樣。我想幫助她們。只有當最具生產力的20～30歲能夠健康時，社會才能充滿活力，不是嗎？

【前言】人，越努力就越徬徨

30歲，是個在心理學沒有特別名字的年紀。心理學在說明個人的發展過程時，會以人生中的重大變化時期爲中心，將人的一生區分成兒童期、青春期、21～40歲的初期成人期、40歲的中年期、50歲的更年期，以及60歲以上的老年期等階段。心理學並沒有特別提到30歲，只是將它合併到初期成人期階段，接續在20歲之後模糊帶過。心理學者艾瑞克森認爲30歲在個人的發展上並沒有明顯的議題或變化，所以也將它稱之爲「未知的時期」。由此可見，視爲青年太老、稱做老年又太早的30歲，幾乎沒有什麼具體的研究成果。

同樣地，過去30歲在我們的人生中也沒有引起什麼太大的波瀾。因爲很多人會在20歲後半的年紀踏入職場或結婚，所以30歲只是一個將心思全部投入工作與家庭的階段，當時只要在一家公司認眞工作，就有機會晉升，不像現在，到了40歲就要面臨被迫退休的危機。因此那時雖然忙碌，仍然可以期待一個光明的未來，只要全力向前衝就可以了。

然而在現代社會裡，30歲的人卻是既痛苦又憂鬱。在亞洲金融危機發生以前，當時的社會新鮮人在物質上雖然沒有現在豐富，但至少不會像現在一樣有就業的困難。相對地現在的

30歲世代雖然是在富裕的環境中成長，他們卻在上大學前後碰上了亞洲金融危機，進而遭逢嚴重的就業危機以及僱用上的不穩定。所以不管是在經濟上或精神上，這個世代度過了一個比其他世代更不安定的20歲，並在這種狀態下迎接30歲。爲了準備就業，他們耗盡自己的青春，然後在毫無準備的情況下投入令人窒息的冷漠社會。於是30歲成爲一個人生的轉捩點，同時也是一個決定未來方向的關鍵抉擇期、一個必須獨自面對一切的實質獨立期、一個從夢想跨入現實的挫折期，也因此30歲的生活當然會陷入痛苦之中。

當面對和預期不同的複雜人際關係而不知所措時、當拚命工作卻苦於一無所獲時，還有當站在關鍵抉擇的十字路口時，如果有人願意傾聽我的煩惱，並提供一個建議，那不知該有多好？所以30歲的人最需要的就是一個能給自己建議及協助的「曼托（Mentor）」——也就是所謂的良師益友。

不過30歲的人就跟孤兒沒兩樣。父母和老師在家中及學校的地位已經不如往常崇高，老人家們逐漸被當成社會上的舊物，這也代表沒有人能再爲30歲的人指點迷津，同時也代表當他們做錯事時，已經找不到可以嚴厲指責自己以及值得依靠信賴的人了。於是現代的年輕人只得獨自摸索生存的方法，這也是爲什麼他們常會埋首在自我開發以及人際關係相關的書籍之中。

20多歲原本是個散發年輕氣息、同時需要多所嘗試的年紀，如此才能爲眞正的成年做準備。但現在這些年輕人卻因爲就業問題而必須坐在書桌前，然後又在30歲時突然被推入成人的世界裡。他們毫無準備，也沒有事先去了解未來的世界，卻要馬上過著成年人的生活，心中難免感到陌生又不安。所以現在的30歲世代不僅沒有良師益友，如今連跨入30歲之前的過渡期也沒有，於是他們產生一種遲來的徬徨，而且不容易解決。

我每天都會遇見許多心靈受傷的病人，但是很慚愧地我認爲我並沒有治療他們，反而常會覺得是他們在治療我。那些人好像帶著痛苦出生一樣，從小就過得非常辛苦，等到成年以後，痛苦又像慣性法則一樣糾纏著他們。偶爾他們會因爲無法承受而有極端的精神分裂現象，但是等到精神恢復鎮定之後，他們又繼續默默地堅守崗位，感覺好像是個能夠理解人生痛苦並且努力擁抱痛苦的求道者。他們教會我一件事，那就是不管有多少痛苦，人都有充分活下去的價值，而且絕不能放棄對世界以及他人的基本信任和希望。

當你覺得茫然或疲倦時，心中會開始感到徬徨，在這過程中便很容易犯錯，或是做出錯誤的選擇。來找我的病人就是這樣，他們在冷漠的現實中努力求生，但可能在某一刻突然覺得吃力而出現病態的混亂。別人也許會將他們視爲屈服於痛苦的失敗者，但我的想法不同，我認爲他們並不是放棄生存，他們只是爲了再次尋求能夠對抗現實的力量，才會來找我，最後他們終究還是能回到原位。所以他們絕不是失敗者。

30歲的你也一樣。雖然現在感到徬徨，然而徬徨正是你爲了追求更美好的生活而努力過的痕跡，絕不是在浪費力氣。歌德曾經說過：「人，越努力就越徬徨。」所以你已經盡力了，不要以爲徬徨的人就一定會變成失敗者，然後在那裡感到挫折或害怕。現在我想對你說的話只有這一句：

「你永遠是對的，所以毫不猶豫勇往直前吧！」

二〇〇八年二月

金惠男

1 我的人生到底出了什麼問題？

為什麼拚命想「裝酷」？ 014
給喊著自己有躁鬱症的人 022
也許人前微笑，而內心卻在哭泣？ 024
無數的選擇可能性 —— 關於這個詛咒 033
要躲避某件事之前，請先記得 041
30歲，容易受惡魔誘惑的原因 049
遇到真正的曼托（Mentor）絕非偶然 064

2 30歲，從「防衛機制」開始檢視

為什麼不相信這個世界？ 071
為什麼她記不得國中以前的事？ 079
30歲，從「防衛機制」開始檢視 083
有些問題現在不克服，就會跟著你一輩子 090
對親密關係感到恐懼的人 097
我是不是也有愛的障礙？ 102
「媽媽男孩」、「媽媽女孩」的誤解 106
能力強的人常有的盲點 114
小心「受害症候群」 120

3 我真正想要的是什麼？——工作與人際關係

30歲在職場上感到痛苦的原因 128
我為什麼不知足？ 135
把人生當成功課的人 141
為什麼我不放心把工作交給別人 144
我在白白地浪費時間嗎 148
我為什麼不停地和別人比較 152
追求工作和生活均衡的4種方法 155
辭職前應該考慮什麼 163
別期待職場中有親情關係 169

CONTENTS

4 我還會有愛情嗎？——愛情與婚姻

害怕被拒絕的人 175
會在意對方過去的人 178
為何不停地確認愛情？ 183
為何無法停止嫉妒？ 187
堅持理想情人類型者所犯的錯誤 191
給相信愛情不需語言也可溝通的人 195
畢馬龍式的愛法 — 你應該照著我的意思去做！ 198
不要強迫戀人扮演父母的角色 202
對婚姻的恐懼 206
為人父母的意義 215
已婚者的危險想法，以及其中隱含的婚姻本質 222
儘管如此，我們還是要繼續去愛 234

5 心理學想對30歲人說的故事

下定決心就能成功 240
30歲，能夠愛得更熱烈、更誠摯 246
下定決心就能幸福 250
你都是對的，所以毫不猶豫勇往直前吧 256

1

我的人生
到底出了
什麼問題？

為什麼拚命想「裝酷」？

「我最受不了的一點，就是自己總是無法裝酷。」

這是不久前一名女性患者跟我說過的話，而這句話卻不斷在我耳際迴盪。這名患者失戀了，我知道失戀的痛苦有時更甚於死亡，但她難過的竟然不是因爲失戀讓她無法再見到心愛的人，而是難過自己在離別的當下無法「冷酷地」轉身離開，然後還讓自己憂鬱了好幾天。「無法裝酷」才是眞正讓她憔悴、憂鬱的主因。

我對這名患者感到相當惋惜。如果曾經深愛過，不管是誰，大概都很難從突如其來的失戀陰霾中走出來吧?!這是很正常的。反倒是明明會痛卻不知道痛，會難過卻不知道難過，甚至明明應該生氣，卻一點都不生氣，這樣的問題才更嚴重。因爲他們害怕表達自己的情緒，最後不知從什麼時候起，只要在情感上有任何變化，他們就會選擇一味地壓抑。

過於放縱情緒雖然有問題，但是過度壓抑也不好，因爲無法適度發洩情緒只會讓心裡更苦悶。這位小姐在失戀時感到痛苦是很正常的，只不過她自己認爲那樣是不正常的。

耍酷和自戀的共通點

近來的年輕人大多希望能夠愛得「酷」、過得「酷」。對於拚命想「耍酷」的他們來說，「你好酷」就是最佳的讚美詞。但爲什麼一定要「酷（cool）」呢？

酷的人，總是不在乎別人的眼光，想做什麼就做什麼。他們會穿上自認爲有品味的衣著，喜歡用冷靜、沉著、優雅的微笑來武裝自己，處理事情乾淨俐落，有時還會像是不經意地斜睨他人一眼，然後又繼續往前走。

不過根據記者迪克．龐迪的觀察，「酷」的核心，就是要隨時「看起來」都很酷，也就是說「酷」所依附的正是別人看自己的視線。當然從表面上看起來，那些很酷的人不會在乎別人的眼光，身邊的人對他們來說就好像「異鄉人」一樣，經常受到這些酷哥酷妹的冷落。也因此，周遭的人會更希望這些冷酷的人能注意到自己，於是用渴望的眼神凝視著他們。

愛耍酷的人所期待的正是這種眼神。他們外表裝作毫不在意，內心卻期待受到他人愛慕，甚至受此支配。他們將這種期待他人關心及愛慕的情緒拋回去給對方，故意表示輕蔑，想藉此讓自己從這種期待的情緒中抽離。

所以愛耍酷的人是完全以自我爲中心，他們把世界當成自己的反射鏡，唯一讓他們感興趣的就是自己投射在他人眼中的形象。只有別人眼中的自己，以及對方目瞪口呆、讚嘆自己的模樣，才能讓他們感到滿足。

這同時暴露出另一個問題，那就是影像氾濫的世界。現在人們隨時都會掏出手機或數位相機拍照，使用方便的相機讓現實生活變成一幅又一幅的影像，大家面帶微笑演出生活的一切，就好像前面隨時都會有相機對著我們、自己的行動正被他人窺視一樣。如果像這樣過於專注自我的形象，久了便有可能失去關心別人情緒的能力。那些愛耍酷的人之所以無法對別人的情緒產生共鳴，心中只想著自己，原因也在於此。

或許是因爲這樣，通常耍酷的人也隱含著某種程度的自戀。每個人都希望得到他人的關心，這種期望是源自於嬰兒時期的遙遠記憶，那時候總是靜靜躺在那裡，等待母親投注關懷的眼神。當母親用充滿愛意的眼神看著自己時，嬰兒會產生一種堅定的信念，從此不會再受外界的眼光影響。相反地，如果母親不看自己，或是想到的時候才看一下，孩子就會因此感到自卑，甚至產生害怕被拋棄的恐懼心理。孩子爲了否定本身的自卑感，同時爲了防禦，便創造出一個受他人愛慕、十項全能的膨脹自我，也就是所謂的「假我」。這種人長大後會愛上別人眼中的自己，就像希臘神話裡的納西瑟斯一樣，愛上自己在水中的倒影，但卻因爲無法如願而陷入痛苦，最後終於病死。

這種自戀狂的自我膨脹根基脆弱，爲了維持自尊，便需要時時藉由外部來確認。所以現代的自戀狂雖然外表看起來獨立，好像對外界的反應不感興趣，但其實內心卻是一直注意自己在別人眼中的形象，而且對此很敏感。別人無心的眼神或一句話，都有可能對他帶來莫大的傷害。爲了否定這種過於在意他人看法的脆弱自我，同時也爲了避免自己受到傷害，這種人反而會努力試著不去依賴任何人。

為了不受傷害而選擇的路——不執著任何事物

愛要酷的人也一樣，總是避免和他人建立親密關係，費盡心思要維持情感上的距離。只有這樣，才能保護他們不會在人際關係中受到傷害。

「來到東京，在宿舍展開新生活之際，我該做的事只有一件，那就是不要把所有事物看得太重，要讓自己和一切保持適當的距離，就只有這樣。」

這是村上春樹小說《挪威的森林》中主角渡邊所說的話。爲什麼渡邊覺得需要保持距離？因爲在他心中有一段痛苦的記憶，那就是最親近的朋友毫無預警地突然自殺。朋友的自殺對細膩而感性的渡邊來說，除了留下無限的混亂與悲傷外，還有背叛。渡邊爲了處理這種無法承受的混亂，只好決定不把傷痛當成一回事。他不再爲那些難以克制的情感所動搖，甚至還反過來將克制情感的「反向超脫」當成武器。

所謂「反向超脫」，是指不僅與其他人或其他事物保持距離，同時也要與自己的情緒保持距離。也就是當每一刻的情緒——充實、憤怒、悲傷、孤獨等因為持續太久而形成負面情感時，要能以超然的態度去面對。這種態度的目的是為了避免和任何人有情感上的糾葛。

要酷所隱含的「反向超脫」是一種防禦機制，除了要保護自己不在人際關係中受到傷害之外，同時也可以避免自己在現代社會中遭遇挫折及產生剝奪感。

現代社會比過去更強調個人自律，生活型態也是富裕而多采多姿。不過外表雖然絢麗，其實許多人內心卻充滿了莫名的不安及剝奪感，因為強調自律就代表個人需要自己決定一切，後果也需要自行負責。而在媒體不斷報導明星的奢華生活後，相形之下讓一般人的生活顯得特別寒酸；還有在不斷聽到他人的成功經驗談之後，也更容易凸顯出自己的無能。就算自己已經小有成就，但總是有人比我更成功，個人便因此陷入了不斷比較和被比較的「適用錯誤的社會性比較」框架裡，最後終於被困在莫名的不安及無力感當中。

在不得不面對這些剝奪感及無力感時，最便利的處理方式就是一笑置之，或是將這些不合理歸咎為現代社會的錯誤產物，所以才會需要學習如何「反向超脫」。

奴隸時期的「酷」是一種求生的心態，為了要忍受長期的壓榨及差別待遇、不利環境，只好將愁眉苦臉當成一種防衛裝置。同樣地，現代社會的「酷」，也是為了在另一種社會性的挫折感及剝奪感當中保護自己。

「不要想太多，酷氣地享樂吧」

「酷」還有另一項特色——那就是追求快樂。不久前日本的一個青少年研究機構曾經針對各國青少年的人生目標進行調查，結果顯示日本青少年的人生目標是「交很多朋友」，中國青少年的目標是「成爲有錢人」，美國青少年則是將「組織圓滿的家庭」當成人生目標。那韓國青少年回答的是什麼呢？大部分人回答的人生目標是「好好享受」。如果這個回答指的是「好好享受人生所擁有的一切」，這種具有唯美主義意涵的想法就沒什麼好擔心的，但如果強調的是「不顧一切去享受」的話，意義就不一樣了，因爲後者代表韓國青少年對社會及未來已經產生了不安及冷漠。

「不顧一切去享受」是指追求每個瞬間的沉溺。當社會令人感到不安或是未來不明確時，人們就容易表現出沉溺於眼前快樂的傾向。

在萬物急遽變化的世界裡，過去的東西很快就變得毫無用處，人們的思考結構也追趕不上科技發展的速度，逐漸顯得落伍。現代社會快速改變的不只是流行和技術，還包括價值觀，於是人們開始失去能夠掌控及創造未來的自信。因爲對未來失去自信，所以覺得與其花時間對未來進行規劃，還不如好好把握當下。明天會變成怎樣都不知道了，誰還會傻到去把錢存下來?!

現代的消費主義也助長了人們這種欲望，它不僅將沉溺享樂予以正當化，甚至讚揚這是種美德。愛耍酷的人心情不好時，爲了不想讓情況惡化，也常將購物當成最簡便的紓壓方式。

如今在這個什麼都無法信任的世界上，最好的生存方式就是什麼都別相信，也別輕易付出眞心，而且要時時刻刻追求享樂。要具有一種冷靜的熱情，就好像在令人興奮的舞廳裡扭腰熱舞一樣，跳完舞就能立即轉身而去。

酷，是現代社會的悲哀

想耍酷，就必須吸引他人的注意，不過這裡出現一個進退兩難的問題，酷的人終有年紀漸長的時候，當他不再年輕時，將很難吸引別人的注意，到時就算他再怎麼酷，恐怕也不會有人多看一眼。

另一方面，「酷」也是有差別的。在資本主義社會裡，最酷的人往往也呈現出最物質及世俗的一面。也就是說，想耍酷還是要有一定程度的財力。「巴黎戀人」中的朴新陽夠酷吧?!「我叫金三順」的玄彬、「咖啡王子一號店」的孔侑也都很酷。

不過像「巴黎戀人」裡的金晶恩、「我叫金三順」的金宣兒、「咖啡王子一號店」的尹恩惠就酷不起來，因爲現實生活不容許她們要酷。這在金別亞的小說《奇怪的橘子》裡就有如下的描述：

「酷，其實是最脆弱的，那代表當事者身處在混沌的生活重心之外。對活著的人來說，『酷』是不被允許的，因爲他們必須爲了生活而忙著在日常中呻吟。」

現實生活不容許我們要酷，但那些年輕人卻偏要拿它當盔甲來武裝自己，這點其實是很悲哀的。拚命要酷的年輕人雖然是爲了追求帥氣、自由，以及塑造幹練的形象，但仔細想一想，他們也是因爲想在前途不明的世界裡求生存，才會和他人對峙，或是明明感到孤獨，卻又因爲害怕受傷而強忍孤獨。不過他們也必須記得一點，自己所強忍壓抑的憤怒，到最後還是有可能會傷到自己。

給喊著自己有躁鬱症的人

「我覺得自己有躁鬱症。」

這是近來常聽到的一句話，很多人會用這句話來形容自己的心情起伏很大。這種人的心情一下子好、一下子壞，反覆無常，會因爲一點小事變得憂鬱，而且愛發牢騷。他們經常會在看連續劇時落淚，然後當別人稍微讚美他們一下時，心情又立即雀躍起來。

但是仔細了解以後，你會發現他們在日常生活或職場上並沒有什麼問題，在睡眠方面也都很正常。如果是這樣，我通常會回答說：「你的情緒，似乎想跟你表達些什麼。」

人是情緒的動物，也許我的外在被理智所包圍，但內心卻是塡滿了各種情緒。問題是理性可以遵從我的意見，但情緒卻不怎麼聽話。情緒喜歡爲所欲爲，所謂躁鬱症，就是指情緒因爲受到腦部的生物化學變化而超出可控制範圍的狀態。不過如果只有情緒上產生變化，但在言語行動及日常生活、睡眠等方面無異常時，就不能稱之爲病症。

儘管在聽過那些自稱有躁鬱症的人描述之後，我覺得其實一般人碰到相同情況也會有一樣的反應，但他們還是堅持那種正常的情緒反應就是躁鬱症的證據。因此當他們聽到我說：

「如果我碰到那種情況，反應也會跟你一樣」時，他們都感到非常訝異。

他們的確情緒化，而且有些起伏不定，但那還不足以被診斷爲是躁鬱症。儘管如此，他們還是堅稱得到了躁鬱症，而且無法忍受自己被情緒所控制，因爲他們覺得情緒要保持穩定才是正常。還有他們不希望受情緒支配，甚至希望能夠反過來完全操控情緒。

由於父母的過度溺愛及期待，現代的孩子普遍陷入一種情緒過剩的狀態，有的父母甚至會代替孩子處理情緒問題。舉例來說，假設孩子正在氣呼呼地和別人吵架，但在孩子還沒處理好自己的情緒之前，父母已經迫不及待跳出來加入戰局，結果造成孩子無法學習如何處理自己生氣的情緒。如果這種情況時常發生，孩子不僅無法正確了解自己的情緒，相反地還會因爲內心的混淆而害怕自己的情緒。另一方面，從小活在極度控制下的人，長大後對於受控制一事也會覺得相當反感及憤怒。

如今他們再也不能忍受自己受到情緒這類的「異物」操控，所以費盡苦心想壓抑情緒，或是懷疑自己得到了「躁鬱症」。

情緒，就好比是生活裡的樂章，它是我們內在世界與外在世界相遇後所發出的合唱，所以用不著害怕情緒，相反地應該要享受它才對，因爲那是上帝送給人類的禮物。如果你現在正爲嚴重的情緒起伏所困擾，那就好好傾聽情緒所發出的聲音吧。它代表你心中存在著某種衝突，唯有找出原因，才能夠眞正解決它，進而恢復內心的平靜。

也許人前微笑，而內心卻在哭泣？

某一天，無意間在電視裡看到「酸笑」（譯註：韓國新創的通俗詞語）這個生疏的名詞。不知從何時開始，電視上出現越來越多的新用語，所以我乾脆放棄不問，這次也是一樣。沒想到女兒卻一直盯著我看，果然還是女兒了解我。

「媽媽又一頭霧水了吧。知道『酸笑』是什麼意思嗎？就是『心酸的微笑』簡寫啦。」女兒邊說還邊指著電視裡的一個男人：「妳看他的表情，這就是『酸笑』。」

爲什麼「酸」這個字一定要加在「笑」前面呢？又爲什麼這會成爲流行語？「笑」是世界上最美的文字之一，在前面加個「酸」字未免太讓人倒胃口。不過我心中突然閃過一個想法，也許這個字更能貼切表達當今30歲世代「人前微笑，內心卻在哭泣」的困境。

他的30歲

他出生在一個小島上，在他出生之後，他的父母就重新恢復一度中斷的航海生活。其實他的家就在船上，空間雖然不大，卻很溫暖。他從當船長的爸爸以及身兼航海士及廚師的媽媽那裡學會了很多東西，像是航海的方法、搜尋地圖的方法、應付颱風的方法、捕魚的方法等等。爸爸說等他長大以後，遲早都得下船，去港口展開屬於他自己的旅程。而且只要他努力，還可以在港口找到一輛帥氣雄偉的馬車，然後在別人羨慕的眼光下四處旅行。他一直數著日子，期待那天趕快到來，因爲船內的生活實在太苦悶又太無聊。

他可以從船裡的電視和網路看到外面的世界，那個世界既美麗又繁華。在連續劇和電影中總有俊男美女過著夢幻般的生活，他們光鮮亮麗的外表是他紓解現實苦悶的出口，也是他憧憬的對象。還有廣告不停地誘惑他，說外面的世界有許多好東西，只要得到成功，他就能擁有這一切。

偶爾會碰到狀況危急的時候，但在航海途中大致都還順利。轉眼間，看似遙遠的港口已經在眼前了，父親趕忙要他掌舵，並叫他想好要在哪個港口停泊。他認眞看著地圖，不停想著要停在哪個港口比較好。

不知不覺船隻已經到達了港口，他非常興奮，滿懷著冒險的欲望，但也感到一絲的不安及悲傷。此刻終於要和父母住的這艘船告別了，現在開始要一個人獨自向前走。不過好奇心戰勝一切，他還是精神抖擻地離開了這艘船。岸邊的人比他想像中的還多，大家全都忙著追求更好的馬車，他發誓自己也要趕快賺錢買一輛馬車。他開始尋找自己的目的地，不過他想去的地方並不容易找，雖然他早就把地圖全都背起來，但港口的變化實在太大，很多地方已經變得跟地圖不一樣。最後他還迷了路，而且踩到爛泥巴，把全身衣服弄得髒兮兮。

「到底是哪個傢伙，把地圖畫成這樣？」

他自言自語地抱怨著。經過一番波折後，他終於找到工作，但是賺的錢卻很少。還有，要遇到值得信賴的馬車商可不容易，要找到堅固的馬車更難。他也開始懷疑，往後的旅程中不可能沿路都是鳥語花香，也有可能碰到石頭路或是險峻的山路，而自己眞的可以乘著馬車安全到達每個地方嗎？對他來說，一切都充滿了不確定性，於是他心中開始期盼能夠再回到船上去。

在這個過程當中，已經有人得到華麗的馬車揚長而去，他不禁焦躁了起來，就好像參加賽跑一樣，一直擔心自己比別人落後。他看著狼狽的自己，和以前在電視上所見過、所夢想過的模樣實在差距太大。沒有人注意到平凡的自己，一切變得如此空虛，不知名的憤怒從心頭湧了上來，他心中吶喊著：「不是這樣，不是這樣的。」他變得越來越憂鬱，這種憂鬱彷彿意味著失敗，讓他更加挫折。

我也只是「俗物」？

如果將人生比喻成旅行，上述故事中主角離開父母船隻、獨自展開旅行的時期，就相當於人生中開始在精神及物質上獨立的時期，也就是30歲左右。多數人的工作會在30歲前後步入穩定，而且大部分會在這個時候結婚。以前的人通常在20歲時準備獨立，不過隨著各項技術日漸發達，世界也變得更複雜，現代人需要學習的東西太多，獨立的年齡便延遲到30歲左右。30歲成了人生發展階段的一個轉捩點，這時候所做的任何決定都將影響到未來的人生。我們都曾渴望脫離父母的保護與干涉，希望獨立成爲自己生活的主人，然而獨立除了帶來自由與希望之外，背後還隱藏著莫大的悲傷與恐懼。因爲從父母身邊獨立，就代表將離開父母，也代表將與受父母保護、安全成長的幼年時期告別。

獨立還意味著將肩負沉重的責任。小時候如果做錯事，都可以用年紀小當藉口，不必負責，而且通常可以獲得原諒。即使到了20歲，耍脾氣或犯錯還反而被視爲是青春期及年輕的證據。但如果是在獨立後選錯了港口、買錯了馬車、走錯了路，這些全都要自己負責，而一切可能只是因爲相信了一張可惡的舊地圖。獨立同時意味著沒有人會替你處理「賠償」問題，或是可以讓你推卸責任，也就是說這個時期要負的義務遠遠超過享有的權利。30歲的重擔就是由此而來。

另一方面，30歲也是夢想和現實產生衝突的挫折時期。以前從船上所看到的陸地世界相當華麗，而且這個世界告訴我們：只要認眞念書就可以擁有一切。不過當我們懷抱著財富與成功的夢想從船上走下來時，才發現迎接我們的只是一個由弱肉強食法則所支配的冷酷現實。我們曾經想過「將來要做什麼，然後過什麼樣的生活」，但30歲卻像一面殘忍的鏡子，在鏡子中反映出的面貌和小時候所夢想的完全不同。也因此30歲是一段令人失望的時期，它讓我們看到在當初自己所輕蔑不屑的世俗裡，我們是如何拚命地想要往上爬。

艾倫・狄波頓將「俗物」定義爲「把一個價值衡量標準過度誇大的人」，這種人的特徵就是「將社會地位與人的價值畫上等號」。小時候我們常會看不起大人，認爲他們是個只懂得物質的「俗物」，可是我們卻又同時享受著他們所提供的物質，甚至當大人無法滿足我們的物質需求時，我們還會覺得他們無能而看不起他們。這種雙重態度就是所謂的「彼得潘心理」，也就是心中想拒絕大人的世界，同時卻又希望一直停留在受大人保護及疼愛的單純幼年期。

但是等到我們30歲時，我們才發現心裡也存在著和上一輩相同的欲望、猜忌和權力慾。對於一直深信自己正直又善良的我們來說，這種自覺無疑是個巨大的打擊。

情況不僅止於此。明明知道不對，但我們仍會爲了求生存而在自己無法認同的世界裡低聲下氣，有時還會戴上面具去阿諛奉承。擅長處世的人雖然也對世界反感，但他們知道不能一直憤世嫉俗下去，所以會學著適應現實，閱讀教導處世之術的書籍。當看到自己捧著以前所不屑的書本、忙著學習融入這個庸俗世界時，偶爾也會覺得悲哀，甚至覺得茫然。20歲時所懷抱的單純以及充滿正義感的生活熱情在不知不覺中消失，眼見自己也逐漸變成了「俗物」，心中難免充滿了絕望與衝突。

然而30歲的年輕人無法正視自己心中所潛藏的危險欲望，他們將這種屬性都推給了上一代，也就是投射給其他人。如今在他們眼中，那些上一輩的代表性權威人物變成了更自私的俗物，他們也開始挑戰、反抗。當然最後他們所得到的只是更大的絕望。

其實每個人都會想追求名利，只是差別在於如何包裝、表現而已。尤其當今社會的「俗物本質」並不在於汲汲追求財富與社會地位，而是更接近一種不想被同伴排擠的集團性狂熱。最近的年輕人幾乎每個人至少擁有一種以上的名牌物品，大車配上名牌服飾或名牌皮包，再加上名牌手錶，成爲一種所謂成功的表徵。年輕人擔心自己被排斥，所以爭相以名牌包裝自己。也就是說過去的「俗物本質」是源自於欲望，而現代的「俗物本質」卻是源自於不安。

尤其在冷酷且不合理的現實世界裡，30歲隨時都要面對成爲失敗者的可能性。這個世界只會將鎂光燈聚焦在成功者身上，一個不小心，你的人生就會遭受到大家的冷落和背棄。

爲了生存，我們都需要確信自己的生命是重要且獨特的，一旦缺乏這種確信，個人就很難生存下去。不過現代的社會卻不容許我們有機會去發掘自己的獨特性及重要性。我們的努力和時間隨時可能化爲烏有，隨之而來的就是令人難以忍受的空虛及無力感。

也因此，30歲雖然被認爲是充滿希望與可能性的年紀，但其實也是陷入徬徨、挫折與憂鬱的年紀。這是人生的一個轉捩點，也是決定未來方向的重要抉擇期；是個人眞正開始獨立的時期，也是從夢想跨入現實的挫折期，所以30歲的生活其實苦多於樂。

雖然在「廚房」裡，但30歲卻什麼都沒有

30歲是一個世界的結束，也是另一個世界的開始；它關閉了一扇窗，卻同時開啓了另一道門。這是應該把過去所享有的一切全部拋棄的年紀，而且即使不知道新開啓的門裡有些什麼東西，到了這個年紀，你都必須要獨自走進去。所以30歲就好像爲20歲的青春拴上了瓶蓋，只剩沉重的負擔逐步逼近。

吉本芭娜娜的小說《廚房》是一本刻畫成長的小說，內容所描寫的就是成爲大人的過程中所經歷的離別悲傷與徬徨，以及克服這些困難的過程。

23歲的櫻井因爲父母早逝，所以和祖母兩人相依爲命，有一天她終於要面對祖母的死亡，只剩自己孤獨地留在世上。櫻井喜歡廚房，寧可捨棄床鋪而睡在冰箱旁邊。此時的廚房，代表的正是口腔期的渴望。櫻井在還沒有做好成年準備時就必須一個人生活，所以她退化到口腔期，藉由睡在廚房來回味母親的懷抱。

有一天，一個奇怪的家庭出現在櫻井眼前，成員包括木訥但心地善良的男學生雄一，還有原本是男人，但在接受變性手術後變成女人的雄一母親。他們沒有去干涉或逼迫喜歡待在廚房的櫻井，只是在一旁默默守著，期待偶爾來家裡玩的櫻井能克服內心的悲傷。在雄一家族體貼及耐心的照顧下，櫻井心中的傷口逐漸復原，對世界也開始重建信心。她再度找回力量，準備開啓通往這個世界的大門。

爲了克服在成爲大人的過程中所引起的不安，櫻井需要有個像雄一家庭般的中間世界，以安撫自己在面對陌生新世界時的恐懼，同時也可以引導自己前進。換句話說，就是需要一個踏進新世界之前的實驗場所，這種實驗場所在童話《莎拉公主》裡也可以看得到，那就是主角莎拉的小閣樓。莎拉透過想像的遊戲，把濕冷不舒服的小閣樓「想成是……」，將它變成幸福的小窩，藉此來忘卻現實的痛苦，同時維持自己的尊嚴以及對世界的信任。

在精神分析中，這種中間世界稱爲「過渡期」。也許很多人都聽過「傷腦筋的3歲」這句話，因爲3歲的小孩會開始意識到要與父母切斷原本連繫爲一體的臍帶，而且知道自己與父母是互爲獨立的存在。爲了消除因爲與父母分離而產生的不安，孩子會執著於「過渡期客體（transitional object）」——也就是一個能夠代替父母的物體。這也是爲什麼3歲的小孩特別喜歡抱著娃娃或被單枕頭不放的原因。

30歲是眞正需要獨立的年紀，這時必須要有經濟上的能力，不能再依賴父母，而且要開始組織自己的家庭。在這種前提下，20歲便成爲準備實質上獨立的學習階段。這個時期會學習如何與人接近、交往；會去找個能夠共同生活的另一半，展開一段轟轟烈烈的愛情；也有可能爲了理想中的世界，將熱情投注在社會問題上面。當然最重要的還是會經過不斷努力及嘗試錯誤，以便找出最適合自己的職業。

不過近來的20歲世代已經不再具有這樣的過渡期性格了。現在的就業大門越來越窄，原本在20歲所謂散發年輕及實驗的意義已經消失，如今變成只是國、高中階段的延長。也就是說原本應該好好行動、學習的年紀，現在卻只能坐在圖書館裡做就業的準備。

如此一來，最後的結果變成現在的年輕人在毫無準備的情況之下，就得面對30歲的到來。他們爲了就業準備而耗盡青春，現在又要脫離父母獨立，同時被丟入令人窒息、冷酷無情的現實世界裡。本來可以藉由中間世界來擁有各種不同的體驗及幻想，好讓恐懼與不安能夠獲得沉澱，但現在卻連中間世界也消失了。原本30歲應該要在獨立與依賴的衝突之下做好心理建設、要拋棄對世界和他人的不信任、更要爲自己的未來跨出充滿希望的腳步，但如今他們卻陷入憂鬱之中。也許他們在人前微笑，其實內心正在哭泣。

這是個美麗的新世界，這裡標榜著「共享、平等、安定」。在孩子們一出生時，除了體型、智力、性格等特徵之外，就連職業、興趣和性向也都可以用人爲的方式決定。舉例來說，可以提早爲將來在熱帶地方工作的胎兒培養嗜睡症及傷寒的免疫力；或是對將來會駕駛火箭的胎兒訓練旋轉，好讓他們在身體倒轉時也能感到幸福。

等這種完全經由人工操控而大量生產的小孩長大後，只要他們能從事當初被決定好的工作，他們在物質上就能得到充分的滿足。此外他們還可以獲得尖端科技設備的輔助，享受便利的生活，性生活也相當自由。總之，這裡可說是完全沒有肉體上的痛苦與物質上的擔憂及不滿。即使有煩惱或不安，他們也可以靠一種叫「索麻」的藥丸來維持幸福的感覺。「索麻」是一種特效藥，可以讓人暫時忘卻現實，而且在回神後完全不會感到頭痛。

以上的內容就是阿道斯．赫胥黎所描寫的《美麗新世界》面貌，不過書中名叫約翰的男子卻對新世界的元首瑪斯塔法．蒙德說：

「我要求不幸的權利。」

「你的意思是希望擁有變老變醜的權利、有得到梅毒和癌症的權利、有沒東西可吃的權利，還要有和大家推擠的權利、因爲不知道明天會發生什麼而擔憂的權利、感染腸胃炎的權利，以及擁有各種無法表達的煩惱權利嗎？」

在漫長的沉默之後，約翰回答說：

「是的，我要求所有的權利。」

每天有一百五十次，徘徊在選擇的十字路口

受惠於人體科技的發達，所有人都可以過著安定又幸福的生活，但約翰爲什麼要求擁有不幸的權利呢？因爲當生活中的一切都已經由他人事先決定好時，人就缺少定義人類時最重要的一項東西——那就是即便不幸福，也要擁有自行選擇生活的自由。約翰要的並不是注定會有好結局的未來，而是要能由自己盡情選擇、按照自己想法發展的未來。所以只要能夠擁有這種自由，他也願意一併擁抱其他「不幸的權利」。

能夠自由選擇未來，這對人類來說是相當珍貴的一件事。現在你我都擁有這樣的自由，這是多麼值得令人高興。

尤其21世紀是個多元和移動頻繁的時代，所有事物的發展快速多變、重感覺、經常移

動，而且很多事已經超越適當的程度到達了氾濫，也因此我們能夠選擇的物品或工作也越來越多。但事實上我們眞正能做的選擇卻好像很有限，這是爲什麼呢？

能夠擁有多種選擇是個福氣，但是要從眾多選擇當中做出決定，這就變成了一種詛咒。因爲你必須爲了選擇某一項而放棄其他的選擇，沒有人可以保證，你放棄各種誘惑及可能性之後所做的選擇就是最好的一個。這時心裡總會想：其他選擇也許會更好。

根據《國家地理雜誌》的調查，人們每天都會面對一百五十種必須做出選擇的情況，其中約有三十項會因爲要愼重決定而感到煩惱，還有五項會因爲做了正確的選擇而面露微笑。生活中的每一刻就是「選擇的連續」，從這項調查結果中可以知道，要做出正確選擇是多麼困難的一件事。

現在人們眼中所看到的並不是自己選擇的那一樣，而是更多已經被放棄的東西。由於心中老是想著「當初如果選擇別的也許會更幸福」，所以無法滿足現有的選擇，甚至爲此而憂鬱，最後演變成眼睛只顧盯著其他的路，而已經選擇的路卻又走不好的局面。

還有一點，所有選擇都將伴隨著責任，因爲是自己的抉擇，最後的責任當然要由自己來承擔。更何況一旦做出了決定，就很難再回頭，所以我們總是無法享受所謂「選擇的快感」，反而會覺得那些無數的選擇可能性像是一種詛咒，令我們感到恐懼。

30歲，更難以抉擇的理由

30歲是必須做出影響人生重要決定的階段，但是面對選擇岔路的人，常會因爲許多可能性而搖擺不定，到底什麼才是最好的選擇？哪個選擇最安全？若是選錯了，人生是不是就完了？當然，如果能經過充分的比較、實驗之後再做選擇，那就沒什麼好擔心的，問題是身邊的人總是不斷催促我們，要我們盡快決定。大家都說30歲的年紀已經沒有多餘的時間可以做實驗了。

30歲難以做出抉擇的另一個原因就是它的「不確定性」。不確定的東西原本可以引起我們的好奇，刺激我們探究眞相的冒險及挑戰精神，誘使我們想找出答案，讓不確定的東西變成確定。然而當一切狀況明朗化之後，這個世界就會變得無趣，我們也將失去企圖心及動力。因爲所有事情都按照既定的安排進行，結果已經可以預期，我們也就不需要抱著任何希望去努力。換句話說，只有當未來仍屬未知、不明確時，我們才會抱著希望，並按照自己的期待去規劃人生。

不確定性所帶來的可能性也適用於人際關係上。當對方的心意不明確時，我們反而會努力想討好對方。電影或小說也是，意料中的結局總是無法引起大家的興趣，只有像「火線追緝令」或「靈異第六感」等劇情無法預測或是結局出乎意料之外的電影，才會讓我們著迷。

從這點來看，「不確定性」可說是人類存在的一個前提條件，也是精神發展的動力。當大趨勢或規律中存在不確定性時，它就成爲刺激人生的藥劑，帶給人們樂趣。

不過當不確定性遠超過規律的程度時，我們會感覺彷彿置身在大沙漠，這種不安的指數一旦升高，就很容易對潛在的危險產生自我防禦和攻擊。

很遺憾的是，現代社會裡的不確定性正在逐漸擴大，即使你做出了最佳選擇，未來仍是充滿不確定性。還有，現在已經沒有那種可以終生投入的職場，大家都必須在令人窒息的競爭體制下求得生存。各種不安讓年輕人開始產生退縮的心理，再加上能力方面也是充滿變數，他們無法預知何時能夠發揮、何時又會受到限制，所以年輕人不敢盡情發揮所長，對未來只能抱著戰戰兢兢的不安。

30歲的人享有物質的滿足和選擇的自由，可是他們立足的土地上卻是一個不確定性極高的不安世界，於是無數的選擇自由反而讓他們感覺像是「詛咒」一般。

面對選擇時的態度

電影「穿著PRADA的惡魔」故事內容就與「選擇」有關。出身名校、曾經擔任過主編也得過獎的安德莉亞爲了一圓記者夢而來到紐約，在四處投過履歷之後，她只應徵到一個職務——《RUNWAY》時尚雜誌主編米蘭達的私人助理。爲了當上記者，她決定先在那裡工作一年，然而迎接她的卻是殘酷的現實世界。

公司所有的事都由主編米蘭達決定，但是她對待部屬的方式既冷血又苛毒。爲了能繼續待在這家雜誌社，每個人都極力對米蘭達唯命是從。在耶誕節時，米蘭達收到了唐娜泰拉・凡賽斯、吉賽兒・邦臣、喬治・亞曼尼等世界知名人士所送的兩百五十六份耶誕禮物，這樣的她眞可稱得上是時尚界的傳奇人物。她連祕書安德莉亞的私生活都想干涉，而且企圖控制她的一切。安德莉亞爲了前途，只好聽從米蘭達的要求。她不參加男友的生日派對，卻跑去參加米蘭達開的派對，而且還對擔心她吃苦的男友發脾氣。

我們常會聽到別人辯解說：「我也想這樣做，但是爲了工作沒辦法。」然後找個無法規避的理由：比方說這是上司的要求、不照著做就必須離職等等。這部電影同樣也出現許多必須抉擇的時刻。

當安德莉亞見到許久未見的父親時，米蘭達的電話來了；當和朋友聚會時，米蘭達的電話來了；到了和男朋友正在談判分手時，米蘭達的電話又來了。米蘭達甚至還將首席祕書丟在一旁，指派安德莉亞去巴黎出差。我們看到電影中的安德莉亞幾乎別無選擇，但她仍然辯解說是爲了生存，只好不得已聽從米蘭達的命令。

不得已而必須全心投入工作的安德莉亞逐漸與她原本的世界脫節，最後連男友也與她分手。不過當安德莉亞取代首席祕書、跟著米蘭達去到巴黎時，她終於領悟到一件事，雖然不想做這些工作，但其實每件事都是經過自己的選擇後才去做的。因爲她想當記者，所以願意忍受這一切。

安德莉亞知道這是自己選擇的結果，也明白錯誤的抉擇讓她失去許多眞正寶貴的東西，於是她斷然提出辭呈。這部電影當然是喜劇收場，因爲安德莉亞最後被別家媒體錄取了。

安德莉亞向我們丟出一個問題：

「你眞的是不得已才去做那件事的嗎？」

仔細想想，其實沒有任何一件事是被強迫的。因爲如果眞的不想做，你就不會去做，但最後你還是做了那些事，和那些人在一起，而且繼續待在這家公司，這一切全都是你自己的決定。所以正如安德莉亞所說的，一旦做出決定，就要盡全力去做，如果發現那個決定是錯誤的，也要有勇氣果斷地拒絕推翻。這一點非常重要，千萬不要在那裡邊做邊浪費力氣抱怨這個時代，或是抱怨說一切都是不得已，甚至將選擇的責任轉嫁給不相干的人。

即使世界奪走我所擁有的一切，讓我置身在最惡劣的環境，但是請記得有一樣是它奪不走的——那就是我選擇用什麼態度去面對困境的權利。

弗蘭克爾（Viktor Frankl）曾經被關在奧斯威辛的集中營，後來因爲戰爭結束而得以倖存。有一天他在集中營裡發現一件奇怪的事，他發現當耶誕節的日子越接近時，集中營裡每天死亡的人數會逐漸減少，但是等到耶誕節一過，每天死亡的人數又會激增，過不久便恢復到之前的平均數目。爲什麼會有這種現象呢？

根據弗蘭克爾的研究，支撐那些瀕死的人多活幾天的最大原因，就是大家心中一種難以言喻的期待——期待戰爭會在耶誕節前結束，然後獲得釋放。儘管大家沒有特別約定，但卻同時隱隱期待著。當然等耶誕節過了，戰爭還是沒有結束，他們仍然繼續被關在集中營裡。因爲期待破滅，他們的生命也隨之走到了盡頭。

若不是因爲耶誕節被賦予特別的意義，那些人可能在耶誕節之前就已經死了。由此可見，就算今日和支離破碎的昨日沒什麼不同，但是只要賦予特別的意義，結果就可能不同。

要用什麼態度來面對環境，這個選擇權非常重要。因爲現代社會已經很難再享受到選擇的快感，但是這個選擇權卻依然有效。當你萬念俱灰之時，請再好好地想一想，是不是眞的沒有方法可以讓你享受選擇的快感。

當我們20歲時，總以爲過了30歲之後一切就會變得明朗，但情況並非如此。我們在30歲時反而經常陷入混亂，對於原本讓人深信「人生就該這樣」的一些事，竟然也開始猶豫不決。也許人們就是爲了努力掩飾內心的搖擺不定，才會在年紀越大時越裝作固執，而且講話更大聲，總之就是很會說話。每個人的背後都各自背著一個沉重的鹽巴簍筐，然後邊走邊哼叫。但是爲什麼我們對他人的問題可以尖銳地判斷、冷靜地建議，碰到自己的人生問題卻理不出頭緒，而在那裡四處徘徊呢？

這是鄭梨賢在《我的甜蜜都市》裡所描寫的一段話。小說主角恩秀、唯熙、才茵都處在包袱沉重、充滿矛盾的31歲。讓她們生活陷入混亂的原因有兩個，一個是煩惱結婚的問題，另一個則是煩惱未來漫長的歲月要如何度過。

通常男人在31歲時，大多已經在職場上工作了兩、三年，此時正是最忙碌的時候。不過這個年紀的女人卻已經工作了五、六年，正同時面臨著結婚和工作的問題。

先來談談結婚的問題。近來社會普遍有晚婚的趨勢，女性結婚的平均年齡雖然已經提高到28歲，但30歲的障礙依然存在。如果到了30歲還沒結婚或是沒有對象，周遭的人可不會放過妳。可是難道有人會因爲害怕社會異樣的眼光，只爲了證明自己「沒有問題」就貿然跑去結婚嗎？即使能堅強地克服社會及周遭的壓力，到了35歲還是會再面臨心理退縮的問題。

這個階段的女性在職場上又是面臨什麼樣的情況呢？初進職場時的企圖心和霸氣逐漸消失，心中開始對這份工作產生質疑，甚至出現一種被迫害意識。原本以爲職場是個實現自我的地方，如今的職場卻變成壓榨自我去換取金錢的場所。這個階段會碰到一個進退兩難的問題，那就是到底該將小時候的夢想收藏起來，然後不管喜不喜歡，都只專注在現在的工作？還是要冒著可能失敗的危險，去做自己想做的事？所以邁入30歲的女性常對這個問題感到困惱，不知道該去尋找自我，還是應該與現實妥協。

《我的甜蜜都市》裡的主角經過一番掙扎，最後各自踏上不同的路。沒有工作的才茵在相親完一個月後，與條件不錯的醫生結婚了，算是走入安定的制度之內。唯熙則是抱著「再不做就會後悔」的想法，毅然辭掉工作，決定「過著自己想要的人生」，於是她開始去學歌唱及舞蹈，希望能成爲一名音樂劇演員。相反地，已經工作七年的恩秀不知該選擇什麼，她在原地徘徊一陣子之後，與小她七歲的泰五談了一場青澀的戀愛。不過因爲恩秀在意年齡的問題，所以並沒有眞正地投入。恩秀後來出乎意料之外地辭掉工作，還與一個雖沒有感情，但看起來穩定的男子英洙交往，最後恩秀還是決定與他步入結婚禮堂。

三位女主角的成年儀式都很辛苦，而且起伏不定。原本希望能追求社會性安定的才茵最後以離婚收場，等到年紀大才開始學習音樂劇的唯熙又頻頻在資格審核時摔跤。至於恩秀則是在結婚前夕知道了英洙黑暗的過去，結婚當然也成爲泡影。對她們來說，31歲的生活本身就是不完整而充滿矛盾。或許她們會激動地想問我：

「爲什麼我就不能像別人一樣平順？」

那我是不是可以回答才茵：「才認識一個月，沒有眞愛卻只憑對方外在條件就決定結婚，最後當然是離婚收場。」接著犀利地反問唯熙：「過了31歲才決定要當音樂劇演員，難道這些困難妳事先都沒有預料到？」最後再告訴恩秀：「不接受單純的愛情，卻選擇和現實妥協，這就是妳要付出的代價。」但我能這樣回答嗎？

不，這種話我說不出口，因爲周遭有許多女性朋友都碰到和才茵、唯熙，或恩秀相同的問題。或許是運氣不好還是八字太強，即使沒有強烈的事業心，依然有很多女性未婚，她們繼續留在職場上消耗青春，迎接她們的30歲。在與不合理現實纏鬥的過程中，「現實」這道牆實在太鞏固了。看看唯熙吧！大家都說那個年紀已經太遲，但她還是勇敢地遞出辭呈，追求夢想，這個過程就好比大衛與巨人哥利亞的戰鬥一樣艱難。也許是因爲如此，才茵與恩秀才會將夢想放在心底，決定卑微地向現實屈服吧。

我突然想起「Josee虎與魚們（Josee, the Tiger and the Fish）」這部電影中的男主角恒夫。恒夫偶然遇見雙腳不便、只能待在家裡的喬絲，兩人陷入熱戀。後來恒夫決定要與喬絲結婚，還準備帶喬絲回家介紹給父母。但途中他撥了電話回家，告訴父母他終究沒有辦法回到家，這時接電話的弟弟問了他一句話：

「哥哥，你累了吧？」

恒夫最後還是和喬絲分手。有一天恒夫抓著路邊的護軌嚎啕痛哭，低沉的告白聲迴盪著：

「很平淡的離別。理由可能很多，但事實只有一個，那就是我選擇了逃避。」

他們離開樂園再度回到現實的理由

我們常會夢見自己在逃亡，不管是過著自己想要的生活，還是過著身不由己的生活，現實總會讓我們作著逃亡的夢。也許我們之所以能夠忍受現實，就是因為深信總有一天能夠逃跑吧。如果確定無法逃跑、無處可去，那不就像是被關在沒有通氣孔的房間一樣，令人覺得窒息嗎？

偶爾會有人試圖逃亡，夢想著能將束縛自己的現實繩索剪斷，逃到別的地方，重獲自由。不過逃亡是建立在「回來」的前提之上，所謂逃亡，就等於承認現在所在的地方是你的根，否則說法應該改成「選擇別的地方」才對，何必使用「逃亡」兩個字?!畢竟「選擇其他生活」和「逃離現在的生活」是不同的兩件事。

當然你也可以逃離現在的生活，同時重新選擇其他的新生活。可是所謂逃亡是沒有目的地的，因爲逃亡本身就是目的。逃亡好像將自己丟進一個未知的世界，逃離之後所停留的地方不過就是另一個現實世界罷了。現實並不如電影或小說裡所形容的那樣浪漫，所以電影裡的逃亡者最後通常都會再回來，或是被逮捕，不然就是成爲一個無根的流浪者。

我也經常作著逃亡的夢，即使是頭髮開始花白的現在也一樣。雖然我熱愛我的工作、深愛我的家人，但還是作著從緊繃的現實中逃離的夢，沒有目的地，茫然地飛上蔚藍天空，尋找一個所謂自由的夢幻名詞。

有一部電影叫「地中海樂園（Mediterraneo）」，劇情彷彿像爲渴望逃亡的人們所拍攝。內容描述第二次世界大戰當時，有八名義大利軍人依照上級的指示，爲戰略性需要而駐守在希臘的一座小島。在到達那座小島後，這八名義大利軍人的無線電發生故障，他們因此被孤立在島上，不知不覺間也逐漸被世人所遺忘。

這座島上的男人都被拉去打仗，只剩下婦女、老人和小孩。這八名軍人決定留在島上，從此他們度過了一段夢幻般的時光。喜歡畫圖的中尉幫村裡的教堂畫上壁畫；原本死守規定的固執上士也和島上的小朋友一起唱歌跳舞；有一名喜歡看書、個性內向的士兵在島上盡情地看書，後來還與一名妓女相戀、結婚。住在這裡有可以相愛的女人，還能像小孩一樣跳舞嬉戲，這座小島對他們來說簡直就是一座人間樂園。

三年後的某一天，一架故障的飛機在島上降落，他們才知道戰爭已經結束。這時他們有機會可以得到英軍的救援，但是已經在這塊樂土上生活一段時間的他們，還會想回到祖國義大利去嗎？電影的結局出乎我意料之外！除了一名已婚的士兵外，其他七個人全都爲了「對國家有所貢獻」或「執行任務」，決定再度回到義大利。

這部電影以「在這個時代，唯一的出路就是逃避」這句話作爲開場白，內容描寫的正是厭倦戰爭血腥世界的男人們所夢想的烏托邦。八名軍人在不得已的情況下離開了現實生活，然後在一座小島上享受著平日夢寐以求的自由。這座小島宛如人們所夢想的樂園，在這裡生活可以像沒有世俗主觀偏見的純眞小孩一樣，過得無憂無慮。

但爲什麼他們要離開這座樂園，回到現實生活裡呢？明明可以生活在夢想中的樂園，爲什麼最後卻決定再度回到祖國？原因在於他們的認同感是建立在現實的基礎上，而非建立在夢想中的世界。

每個人都希望實現自我，證明自己是世界上獨一無二的存在，但在希臘的小島上能做的事卻很有限。如果將這座島比喻成母親的懷抱，這些軍人就好像躲在母親懷抱裡玩耍的小孩一樣。不過這些軍人總希望能夠做些什麼來證明自我，所以他們追求自己的義務，而且決定回到義大利擔負起重建國家的工作。

再加上他們已經在這座小島上住了三年，對他們來說這裡也成為另一個現實的生活。我們生活的地方就是我們的現實世界，想想看，留在島上的士兵和自己心愛的女人開了一間餐廳，而那也不過是觀光地區的一間餐廳罷了。那個地方有自己的一套規定與秩序，士兵想在那裡生活，就必須遵守這套規定，這也代表另一種拘束和壓抑又要開始。正因為如此，現實生活常會讓我們感到束縛，進而認為「逃亡」充滿了誘惑，於是住在陸地上的人想要逃到島上去，而住在島上的人又夢想著逃到陸地上來。

所以如果你想逃走，就必須先思考一個問題，確定自己是否有想去的地方，還是只想單純地逃跑而已。請記得一點，如果只是想逃離卻沒有明確的目的地，那你的逃離將無法獲得自由，最後只會落入另一個讓你更感到束縛的現實中。既然如此，與其逃到一個陌生的土地上去找答案，還不如在你所處的現實環境中找出解決問題的方法，這樣做反而更明智。

突然想到學生時期很喜歡而且經常掛在嘴邊的一首英文詩。雖然忘了題目和這位詩人的名字，但卻還記得詩的內容。由此可見，當時的我是多麼想逃亡！

一道我無法開啓的門
連手把都握不到
爲什麼我走不出自己的牢房
地獄是什麼
地獄是我自己
地獄是孤獨一人
裡面的樣子都只是幻影
沒有地方可以逃出來
沒有地方可以逃出去
人，都是孤獨的

人類剛出生時並沒有那麼壞，雖然具有求生的本能，但自己什麼都不會，只是一個需要別人呵護照顧的脆弱個體。大家常稱呼初生嬰兒爲「天使」，因爲小嬰兒需要愛才能活下去，也就是說他們能喚起大人心中的愛。

不過在長大的過程中，孩子內心也產生許多想法。如果這時候孩子天生的攻擊性太強，或是沒有受到適當的照顧，或是因爲缺乏可以看齊的對象而在自我及超自我發展上有異常，小孩就有可能喪失克制自我本能欲望的能力。此外當孩子內心受到嚴重傷害時，他的憤怒很有可能與天生的攻擊性結合，成爲一顆具有強大威力的危險定時炸彈。如果他們將這種危險的衝動轉化成行動，最後帶給他人致命的傷害，但他們卻不會爲此產生罪惡感，這時我們就會稱這種人爲「壞人」。

不過惡的本性並不是壞人才有，每個人心中都有惡的一面，而這些惡魔的一面總是不斷在找機會向我們揮手，誘惑著我們。《化身博士》不正是這樣的故事?!白天看起來端正、有氣質的傑克博士，到晚上就變成了醜惡的海德。

30歲的你，為什麼危險

人生，可說一輩子都在自我掙扎。雖然我們常會因爲外在誘惑而猶豫不決，但其實受到自己內心誘惑的時候更多。小時候我們會與兄弟姊妹激烈地搶奪糖果或是父母的寵愛，當我們太過嫉妒他們時，還會偷偷希望他們能消失不見。學生時期如果有要好的朋友成績比自己好，同樣也會有股衝動想把他抓過來。

不僅如此，我們還希望比別人更受到歡迎、比別人擁有更多，也希望具有比別人更多的力量可以支配他人。我們對於那些表現比自己好的人會產生強烈的猜忌與妒嫉，總希望他們能失敗，至於那些曾經羞辱過我們的人，我們則希望他們會發生事故。我們會夢想有如電影中出現的朦朧性愛情節，渴望著所有禁忌的事物；有時候也會有一股衝動，毫無理由地想隨手破壞一些東西。

在停止成長後，我們會變得極度以自我爲中心，自己想做的事就非做不可。所以當別人去做某些行動時，我們可能會給予強烈的批評和責難，但如果換成自己去做，就覺得是正當且正確的行爲。因爲我們相信自己都是對的，而且和其他人不同。看看那些政治人物，如果是別人脫黨，他們會罵這些人自私、說謊；但如果是自己脫黨，他們又會辯解說這是爲了大局而不得已。

最大的問題就出在他們對自己的說詞深信不疑。對他們來說，判斷別人的標準與判斷自己的標準完全不同，所以他們絕不會認爲自己的想法有矛盾。因爲他們覺得自己從一開始就與別人不同，是屬於不同族群的，這就好比當自己外遇時就是「浪漫」，換成別人外遇就叫「不倫」，一樣的道理。

舉個極端的例子——例如納粹發起的猶太人大屠殺。納粹看到經濟大恐慌對德國造成衝擊，指稱這一切的罪魁禍首就是猶太人，於是開始對猶太人進行屠殺。納粹同時宣稱，爲了保存亞利安民族的優秀及偉大，一定要除掉劣等的猶太民族。這可說是一種極端自戀的表現，也是極度自我陶醉的結果，認爲只有自己內心的欲望才是對的，而別人的欲望則是下流、卑劣的。講到這裡，如果你心中閃過一個想法：「我內心雖然有魔鬼，卻沒有像納粹那麼嚴重」，那我很想告訴你以下這個故事。

從前有個王國，裡面住著一名聖者，這名聖者心地慈悲，做過許多善事。有一天，國王命令一位有名的畫家幫這名聖者畫一幅抽象畫，並宣布要在畫作完成那天宴請大家。終於號角聲響起，當帷幕逐漸開啓時，看到畫作的國王不禁大吃一驚，因爲抽象畫裡的聖者臉孔看起來野蠻又殘忍，感覺像是道德非常墮落的人。

「這離譜的傢伙！」

憤怒的國王立刻下令將這名畫家處死，原本在一旁沉默的聖者立即阻止國王說：

「不可以啊，國王！這幅抽象畫畫的都是事實。即便是看到畫作前的那一刻，我的心中都還在拚命掙扎，爲的就是不想成爲畫作裡的那個模樣。」

這個故事告訴我們，原來連聖者這樣的人也需要每天與內心的惡魔纏鬥，而且一樣吃力。

至於那些剛出社會不久的年輕人，他們總是充滿豪氣，一心只想在寬廣的世界裡追求自己的夢想。他們相信世間沒有不可能的事，所以全力朝成功邁進，在追求欲望的同時，也變成了一個自以爲萬能的自戀狂。尤其30歲，是最渴望成功的時期，這時候會有踩著他人往上爬的野心、會猜忌比自己更成功的同事，以及爲求名利不擇手段等等，平均每天有十二次會低頭向惡魔妥協。所以30歲其實是很危險的。

「蜘蛛人3」告訴我們什麼

「蜘蛛人3」電影中的男主角彼得·帕克因爲被蜘蛛叮咬而變成了蜘蛛人，電影內容描寫的就是他與自己的破壞欲望拔河的成長經歷。彼得在「蜘蛛人」1、2集裡打敗壞人，解救城市的危機，到了第3集他開始沉醉於市民對他的英雄式歡呼，並以自身的力量爲傲。他失神地注視自己，根本無暇顧及身邊的人，他認爲其他人的存在只是爲了讚美他。

最後彼得連自己心愛的女人——瑪莉所受到的痛苦也毫不關心，所以當瑪莉公演結束、受到媒體惡毒的評論時，他不僅沒有安慰痛苦的瑪莉，甚至還在那裡不斷跟她提到自己的英勇事蹟。當他收到訊息說有事故發生時，他竟然將瑪莉一個人丟在那裡，自己跑去玩他的英雄遊戲。變成這樣的彼得當然也沒發現瑪莉被劇團解僱、跑去酒家唱歌的事。他認爲瑪莉也只是爲蜘蛛人瘋狂的其中一員罷了。再也無法忍受的瑪莉終於在對彼得說完「你不了解我」之後，離開了他。

這時眞正殺死彼得叔父的兇手——一個叫「沙人」的怪物出現了。彼得一心只想復仇，完全沒有聽進叔母「復仇心就像毒藥，會將平凡的人變成怪物」的忠告。

想當個眞正的成年人，就必須從那些會牽絆自己前進的往日傷痛中走出來，還要戰勝心中那股想支配世界的野心，克制帶有攻擊性、破壞性的欲望。

不過彼得雖然擁有強大的力量及超人氣，他卻無法克制這些欲望，最後還成爲欲望的奴隸。劇中以外星來的神祕有機體不明生物來象徵彼得的特質。所謂「不明生物」，就是受黑色物質感染、變成黑色蜘蛛人的彼得。此時的打鬥，已經演變成原來的蜘蛛人與受不明物質感染的黑色蜘蛛人之間的內心交戰。

原來的蜘蛛人吶喊著要「單純」時，黑色蜘蛛人偏要高舉「享樂」；原來的蜘蛛人勸自己原諒殺害叔父的仇人時，黑色蜘蛛人卻鼓動要「復仇」。彼得無法甩開這種操控黑色蜘蛛人的不明物質誘惑，他開始勾引女人，殘忍地踐踏同事，甚至還對瑪莉施加暴力。

連自己心愛的女人都被他傷害，彼得對自己的行爲感到吃驚，同時也覺得痛苦。這時叔母對他說：

「原諒自己吧！我相信你，你是個好人，而且終會找到自己的路，一旦時機成熟的話。」

想要成爲眞正的成年人，就必須學習克制自己心中強烈的欲望，做出正確的選擇。當然時間不會無止境地等下去，所以必須及時決定。

幸好彼得做出正確的選擇，將不明物質甩開，重新恢復成以前的蜘蛛人。彼得抛開過去的怨恨和傷口，以及強烈的欲望，最後終於原諒殺人犯「沙人」，也再度找回和瑪莉的愛。

如果不想受到惡魔誘惑

在眞正長大成人之前，我們都曾經歷和彼得一樣的過程。我們會和心中具破壞性且自私的欲望對抗，也要與過去的傷害所導致的偏差心態纏鬥。你會想踩在別人頭上去爭取成功嗎？你會想聽到別人的歡呼和讚美聲嗎？偶爾你會想把阻礙你的一切事物都排除嗎？當你浮現這些想法時，最好能聽聽彼得叔母的勸告。在彼得脫離不明物質之後，那種不明物質又立即進入其他人體內。彼得看著那個人說：

「我了解那種感覺，心情很好吧?!因爲你得到了一切，不過你也失去了你自己。」

每個人心中都有惡魔，我們沒有必要否認它。雖然有時心中會浮現一些惡劣的想法，但也不必刻意去壓抑它，只要不把它付諸行動就好。不過除了承認自己像彼得一樣感染過不明物質、曾經對親愛的家人無禮、曾經因爲充滿仇恨而想殺人之外，也別忘了要盡量努力去克制心中那股危險的欲望。如此才能促使這些惡魔的因子昇華，讓它轉化成對生活有益的健康活力要素。

該是拋開「聚光燈效應」的時候

維碩是公司裡最受女同事歡迎的人。他的穿著瀟灑而幹練，經由專業人士整理的髮型加上瞬間吸引眾人注意的絕妙幽默感，幾乎是完美到無懈可擊。只要他一進門，辦公室就立刻充滿活力。當他用幽默的口吻向大家問早時，連平常傳聞最木訥的金部長也會忍不住開口說：

「咦，維碩今天看起來特別帥……」

也因爲如此，辦公室裡的其他男同事難免會感到微妙的嫉妒和自卑。維碩像是故意要喚起心中的惡魔一樣，連舉手投足都刻意費盡心思。

現代社會裡第一印象的重要性

威廉・詹姆士在《心理學的原理》一書中提到以下這段話：

「在社會中遭到排擠，或是受到所有成員的徹底忽視——不知這在物理上有沒有可能，但我實在想不出有任何一項懲罰會比這更殘忍的了。當你走進房間卻沒有任何人抬頭看你一眼，或是開口說話時沒人理會，做什麼事都沒有人關心，又或是所有碰到的人都把你當成死人或是不存在的物品，過不久你就會受不了心中的鬱悶及無力的絕望，最後甚至覺得寧可接受殘忍的拷打，也不要受到這樣的懲罰。」

沒有人希望自己被其他人忽略。如果有人對著自己皺眉頭，我們會感到難過；如果有人批評自己，我們會覺得自己無能，因為被拋棄及受冷落會讓我們心中籠罩一股不安。相反地，如果有人稱讚自己，我們心情就會變好；如果有人記得自己，我們也會突然感到人生充滿希望。要是能對別人的嘲弄及忽略無動於衷，那該有多好，然而人就是無法從別人的眼光中獲得解脫。不，根本就是殷切地期盼別人能用讚嘆的眼神看著自己。

最近這種情況卻越來越嚴重，人們很在意「別人怎麼看我」，而且為了在短時間內留給別人深刻的印象，簡直可說到了不遺餘力的程度。

現代社會的特徵之一就是人們碰面的時間變短了。以前的人很少移動，彼此交集的時間比較長，待在同一棟房子或同一間公司久了，最後都變成老鄰居或老同事。認識的時間夠久，慢慢地也能了解對方是什麼樣的人。

不過現代社會已經走向全球化，人們的移動越來越頻繁，一大早在首爾開完會後趕去日本出差，晚上就可以跟朋友約在釜山見面了。還有去旅行或海外遊學的人也增加了許多，或是每到一所新學校或新補習班，就會認識不同的人。此外藉由網路空間所認識的新朋友也不少，再加上平均三~四年就會換工作或是搬家。

換句話說，現代人已經不再久居一處，而是會不斷地四處移動，人與人相見和離別的次數隨之增加，見面的性質也轉變成爲了彼此的利益而見面，而且時間都很短。一旦見面的時間太短，就沒有足夠的時間可以了解對方，這時只能憑第一印象來判斷這個人。所以是不是能讓對方印象深刻，這點將對人際關係產生重要的影響。

現代社會的另一項特徵就是重視「現在」。因爲過去的事無法改變，而未來的事又難以預測，人們便覺得只有眼前的經驗才是最重要的，也因此總是憑藉著眼睛所見的感覺及直覺去判斷事物。所以年輕人如果想成功，當然會希望留給別人好的第一印象。

基於上述原因，現代年輕人在意的並非「我是誰」這個問題，而是在意「我看起來怎麼樣？」他們在意的只是自己的形象而已。爲了要留給別人深刻的印象，希望別人對自己產生好感，他們開始重視外表或收集一些笑話，就像前面提到的維碩一樣。只有當別人帶著讚嘆的眼神望著自己時，他們才會安心地認爲自己受到肯定。

還在把自己當成舞台主角嗎？

這種必須靠別人讚美聲而活的人大多患有一種慢性的空虛感。由於他人的焦點隨時都可能轉移，一旦他人不再注意自己時，這種人馬上會覺得自己不再受到重視，進而產生被拋棄的感覺。所以太過在意別人眼光的人很容易產生空虛感，他們會因爲自己遭受冷落而憤怒，也會因爲失去他人的關愛而感到不安。

前面提到的維碩就是這種人。表面上看起來活潑而充滿自信，其實內心一角卻經常覺得空虛。當有人責罵自己或對自己視若無睹時，他表現得好像毫不在乎，但晚上回到家就會徹夜難眠，滿腦子一直想著這件事，然後自己在那裡生悶氣。

不過被維碩魅力所吸引的人，最後都會漸漸遠離他。因爲維碩擔心如果把內心的自卑及不安表現出來，別人有可能會對自己感到失望，然後離開他，所以他絕不會讓別人看到自己內心眞實的一面。維碩就好像必須靠著虛幻的假象而活，當別人的讚美將虛榮心塡滿時，他會全身感到輕飄飄；一旦別人將視線移開，他又會像洩了氣的皮球一樣墜到無底深淵。

康乃爾大學教授湯瑪斯・吉洛維奇曾經做過一個實驗。有一天他叫學生穿著印有歌手巴瑞・曼尼洛肖像的T恤走進實驗室，過一會又叫這名學生出來，當時實驗室裡大約有五、六名學生，吉洛維奇問這名從實驗室走出來的學生：

「裡面的學生當中，大概有幾個人發現你衣服上有巴瑞・曼尼洛的照片？」

這名學生回答應該會有46%左右的人記得自己，不過實際上只有23%的人回答有發現他的衣服上有巴瑞・曼尼洛的照片。之後他又叫學生穿上印有喜劇演員傑瑞・盛菲德以及人權運動家金恩牧師照片的T恤，進行相同的實驗，穿T恤的學生認爲有48%的人記得自己，然而眞的記得的卻只有8%。

爲什麼會有這種現象？這點可以用所謂「聚光燈效應（Spotlight Effect）」的心理現象來解釋。「聚光燈效應」意指將自己想成是舞台戲裡的主角，一上舞台，燈光就會聚焦在主角身上，所有觀眾都會注意主角穿什麼衣服、說什麼話、做出什麼表情，以及他的一舉一動等等。

儘管我們不是舞台上的主角，但我們還是會有像明星一樣被聚焦的錯覺，也會花心思去注意別人的眼神。大家在青春期時都有過類似的經驗，那時總覺得自己是舞台上的主角，別人的眼光會一直停留在自己身上，那些人也就是所謂的「假想的觀眾（Imaginary

Audience）」。

於是正值青春期的我們會在鏡子前不斷地整理頭髮和衣服，有時出門沒多久又跑回來換衣服。還有當我們做錯事時會感到無比羞愧，總認爲別人都看到自己做錯了事，而且心中正在嘲笑著。當然這一切都是錯覺，因爲別人根本沒有空可以注意我們。直到長大成人後，我們才逐漸從這種錯覺中解脫，我們對自己產生穩定的認同，也開始不再花心思去注意別人怎麼看我們。

當你以爲別人正在注視自己時，其實在注視自己的那個人就是你自己。如同前面所提到過的實驗一樣，別人並沒有想像中那樣關心自己，你只是一個人點亮鎂光燈，看著自己表演。從現在開始，我們必須拋棄只有自己是明星、是這個世界唯一主角的錯覺。因爲其他人也是他們各自人生中的主角，他們也在爲自己的人生而活。

對我們來說，我們需要的是能腳踏實地生活的安定與自信，以及一顆愛惜自己的心。而且我們還必須懂得爲自己喝采才行。如果只是一味地在意別人的看法，在外貌上投注太多的心血，相對地在充實內涵方面的努力將會減少，人生也會因此變得貧乏。所以從現在開始要當自己最忠實的影迷，如此才能擺脫他人眼光的束縛，過著眞正幸福的生活。

有什麼好丟臉的？

「我婆婆很愛面子。像以前小孩滿周歲時，她會跑去借錢宴請鄰居，出門也一定要打扮得整整齊齊才行。別人做什麼，她也要求跟著做，要是沒做就會大喊丟臉。但是面子算什麼啊……」

承美嘆了一口氣。長期以來爲了顧及婆家的面子，她一直壓抑自己去配合，最後終於得到了憂鬱症。然而還在念國、高中的兩個兒子比起婆婆卻是有過之而無不及。

「看到其他同學穿名牌球鞋，兩個孩子就會吵著要買。要是不買，就會喊說出門很丟臉。」

不管大人或小孩，都異口同聲把「丟臉死了」這句話掛在嘴邊。做錯事覺得丟臉，沒錢覺得丟臉，車子老舊覺得丟臉，成績差也覺得丟臉。

當我們無法達到期待的理想狀態時，常會因爲有所缺陷而表現出不適切、失敗的模樣，這時情緒上會感到「丟臉」。我們會羞於展現失敗的自我，並擔心自己遭到所屬團體的排擠。羞愧的感覺——尤其對於那些依賴心較重的人來說，是一種經常出現的情緒。依賴心較重的人認爲自己和其他人同屬於一個共同體，所以他們的思考模式也以「他人指向」爲主，很容易受到其他人的影響。

傳統韓國是一個講求集體主義的社會，因爲非常重視家庭，個人與家庭間的界線也較爲模糊。個人完全受到家庭的保護，比較依賴家庭。個人的榮譽也等於是家庭的榮譽，當個人不小心做錯事時，最害怕的就是聽到「趕出家門」、「要斷絕關係」這種話。在這種情形之下，維持面子成了比生命還重要的事。如果是爲了眞正該感到丟臉的事而羞愧，那還無所謂，但問題卻出在韓國人常會動不動就因爲一點小事而覺得丟臉。好幾年前聖水大橋及三豐百貨接連倒塌時，我就發現到這個問題。當時整個社會受到很大的衝擊，大家都不敢相信，爲什麼好好的橋會垮下來？爲什麼巨大的百貨公司會在一瞬間倒塌？

可是在事件發生後的第二天，輿論報導就將重點放在國外媒體如何評論這件事。發生如此不可思議的事件，當然需要聽取各方意見，探討事故發生的原因，但韓國人及韓國的媒體卻只是一味地強調「丟臉」。「國外媒體如何評論韓國」讓人覺得丟臉，「住在偷工減料的國家」也讓人覺得丟臉，「丟不丟臉」突然變得比事件眞相的調查還重要。

最近常聽到「你很丟臉」這句話，話中隱含的意思就是希望能跟一個不會讓自己覺得丟臉的人在一起，因爲這種人的條件好，如果跟他在一起，就能彌補了自我的貧乏。但有什麼好丟臉的？如果有人對你說「你很丟臉」時，你就要好好小心了，因爲那個人根本從一開始就沒有眞心想去了解你這個人。

遇到真正的曼托（Mentor）絕非偶然

希臘神話中的奧德修斯在出征特洛伊之前，將自己的兒子泰利馬克斯託付給曼托照顧。曼托忠實地盡心照顧，將泰利馬克斯王子教育成一位有智慧、足以取代奧德修斯的賢明君王。二十年後，泰利馬克斯爲了尋找出征未歸的父親奧德修斯，開始踏上危險的旅程。每當泰利馬克斯遇到危險時，諸神就會以曼托的模樣出現，幫助他度過難關。

「曼托（Mentor）」一詞即是源自於這個故事，意指「忠實而賢明的良師益友」。多數人的第一個良師益友都是「爸爸」或「媽媽」，當然也有人在成長過程中會說「我不要像媽媽一樣」，或是說「世界上最討厭的人就是爸爸」，不過那也正代表他們一開始是將父母當成良師益友，否則也不會那麼失望。

到了青少年時期，我們心理上已經開始脫離父母獨立，這時會向外尋找新的對象，將老師、同學、偶像明星等人當成「曼托」。透過這些「曼托」，我們「希望像曼托」的夢想得以具體實現。這些人讓我們知道，爲了實現夢想我們必須念什麼書，或者做什麼樣的努力。曾經有人說過，個人的發展史其實就是個人爲了拓展生命、在脫離把父母當成曼托的階段之後再度尋找一個又一個曼托的連續過程。

《這一生是無數的機緣：一個清潔工如何改變總裁的人生》及《百萬富翁升等》帶給我們的啟示

30歲的年紀明明就是大人，但在成人的世界裡，卻又還只是個孩子。剛踏入社會不久、現在才要開始張大眼睛認清現實的30歲世代，對很多事依然懷著恐懼及生疏。

當不知該如何處理不如意的人際關係時，當拚命工作卻毫無成就、爲此感到痛苦時，當對工作的進行感到慌張、手足無措時，當面臨必須做出重要決定時，我們會希望有個人能耐心傾聽我的煩惱，提供我明智的建議。所以對30歲的人來說，這個年紀非常需要有人給自己意見，並在適當時機提供協助。

不過30歲的人就跟孤兒沒兩樣。父母和老師在家中及學校的地位不如往常崇高，老人家也被當成是社會上的舊物，這代表沒有人能再爲30歲的人指點迷津，還有當他們做錯事時，也找不到可以嚴厲指責自己且值得信賴的人了。雖然刻意維持權威會讓人反感，但我們卻很需要經由生活智慧及歲月痕跡所累積出來的權威。現代的年輕人失去了值得依靠的權威對象，他們只好獨自摸索生存的方法，將自己埋首在自我啓發及人際關係的相關書籍之中。

在《這一生是無數的機緣：一個清潔工如何改變總裁的人生》一書中，男主角羅傑年紀輕輕就當上公司總裁。他的成就雖然令人稱羨，但卻因爲忙於公事，連這幾年是怎麼過的都不記得了。他的孩子常在晚上等他等到睡著，他的太太也常問他：「我只不過希望你能扮演好一個丈夫及父親的角色，眞有這麼困難嗎？」有時他會反過來抱怨老婆不夠體貼，但才過一下子，他就又得立即投入工作。忙碌的羅傑臉上堆滿了疲憊想著——

「現在我也搞不懂工作是爲了什麼，連回到家都覺得不舒服。有時家人變得好像陌生人一樣，而我就像一台會吐鈔票的提款機。」

就在此時，清潔工鮑伯出現在羅傑眼前。已經退休的鮑伯在老婆過世後開始從事清潔工的工作。他看到羅傑疲累的樣子，想起了年輕時的自己，於是每個星期一都來跟羅傑講他年輕時的故事。

這些故事蘊含著鮑伯死去的太太傳授給鮑伯的生活智慧。聽完鮑伯的故事，羅傑在實踐的過程中體認到什麼才是人生最重要的事，他開始在家庭與工作中尋求平衡，決心不再當個工作的奴隸。

《百萬富翁升等（Millionaire Upgrade）》一書裡的主角湯姆很不情願地待在一家軟體研發公司工作。雖然每天都忙得暈頭轉向，好像在跑步機上跑不停一樣，但是當他聽到公司傳聞要縮減人力、重新調整部門時，心中還是有著強烈的不安。有一天公司派湯姆到海外出差，他差點就趕不上飛機，沒想到後來陰錯陽差，他的座位竟然幸運地被升等爲頭等艙。他對坐在旁邊的乘客說：

「到底是哪裡出了問題？我的能力受到肯定，也很渴望成功，但總覺得著急，心想我這樣是不是在浪費時間。想要打破僵局，不，是想要改變現況，所以找了些經商成功的相關書籍來看，但還是無解，就這樣一直虛度光陰。」

不過坐在他旁邊的可不是別人，剛好就是白手起家的百萬富翁麥可。結果湯姆就在飛機上聽麥可講了六小時的生活成功策略。從此湯姆重新燃起對生活的熱情，並將他所學到的內容一步步付諸行動。

眞希望有一天，我也能遇見像清潔工鮑伯和百萬富翁麥可這樣的良師。能遇到好人是件有福氣的事，但是不管遇見多好的人，如果不能從他們身上發掘優點，那也是枉然。所以爲了能找到良師益友，無論碰到的人是誰，我們都應該張大眼睛、敞開心胸，好好找出對方的優點。

仔細想想，羅傑之所以願意去聽一名老清潔工講故事，湯姆之所以願意去聽身旁的乘客說什麼，多少都是因爲想解決自己的問題，才會希望能從中得到一些幫助。如果羅傑認爲自己的生活沒有問題，湯姆也不想從書中尋找答案，那他們還可能遇見各自的「曼托」嗎？就是因爲他們深刻感覺到自己的生活需要某種變化，才會用心去傾聽別人說些什麼。

想認識良師益友，就必須先承認自己需要別人幫忙的事實。如果心態上認爲自己不需要依賴任何人就可以獨自解決所有的問題，這種想法就有可能陷入自我封閉的危機。拒絕接受他人協助多半是因爲擔心自己的缺點暴露，認爲依賴別人是一種「懦弱」的表現，才會有這種心態。

所以能認識良師益友絕非偶然降臨的幸運，必須積極向他人發出求救的訊息，才有可能遇見願意提供協助的人。首先要拋棄自己的主觀及偏見，敞開心門去觀察別人，你會發現每個人都有值得學習的地方。接下來是從中找出值得尊敬及信賴的人，放心地將你的煩惱告訴他。也許你會問「萬一對方不耐煩或是嘲笑我，該怎麼辦？」別擔心，幫助別人是人生的一大樂事，大多數的人都希望能夠幫助別人，因爲這樣做可以提高自己存在的價值，也代表自己受到肯定。要相信對方，他會很樂意聽你訴苦，並且根據他的經驗提供建言給你。

「曼托」無法解決所有問題

不過有一點要注意，那就是別妄想認爲「曼托」可以幫你解決所有的問題。他只不過是傾聽我們的困境，提供自己的經驗給我們參考，好幫助我們思考該如何行動或者該下什麼決定。如果凡事過度依賴「曼托」，你就會慢慢失去獨力解決問題的自信，與「曼托」這位良師之間也會陷入一種病態的愛憎關係。

「曼托」雖然可以提供我們建言，但決定是否要採納建言付諸行動的人還是我們自己。更何況良師也有犯錯或是與我們意見不合的時候，最後還是要由自己來做判斷。「曼托」的建議會帶給我們影響，是因爲這番話不是我們第一次聽到，這是早就存在我們心底的聲音，所以當我們內心與良師的內心互起共鳴時，就會引起波長。羅傑和湯姆的情況也一樣，其實鮑伯和麥可的話早就潛藏在他們心中，只不過他們還不確定自己的想法，而且缺乏行動的勇氣。如果說眞正的「曼托」其實就在我們自己心中，這句話一點都不誇張。

當你遇到難題時，記得要先停下來聽聽自己心底的聲音，接著再去找尋信賴的人提供意見，最後別忘了，還要將這些建言內化成自己的想法，付諸行動。而這個過程，正是爲難題尋找答案的最佳捷徑。

2

30歲，
從「防衛機制」開始檢視

曾經單獨自助旅行過的人都知道，在出發前心頭常會浮現某種不安，不知在陌生國度裡的所見所聞是否能如期待的一般，還有不知自己能不能平安無事地歸來。身邊沒有半個親友，看到的都是陌生人，萬一迷路了該怎麼辦？語言又不通，如果坐錯了火車或飛機，該怎麼辦？能不能順利找到飯店或青年旅館？萬一護照或皮夾掉了該怎麼辦？還有萬一生病了該怎麼辦？等等……如果再加上聽到「在巴黎或羅馬要小心扒手」或「在維也納很容易迷路」這些話，不安的感覺就會更加強烈。

不過當旅行完回家後，我們就會明白，即使是迷路，或是坐錯車、找不到青年旅館，還是有辦法活下來。如果是護照和皮夾掉了，雖然會耽誤一些行程，但也可以將它想成是個新鮮的經驗。我們還會因爲當地陌生人所表現的友善而驚訝不已，所以有不少人旅行回來後都下定決心，「我也要熱情對待國外來的客人」。不過要對陌生的世界及陌生的人不再感到恐懼，是需要一段時間的。當陌生的事物出現時，我們第一個接收到的訊號就是「危險」，所以常會在面對新的世界時裹足不前。有誰可以保證，我即將前往的那個新世界是安全的？這時候眞正能幫助我們的就是對世界以及對人的基本信任。

對世界及對人的基本信任——也就是英文的「Basic Trust」，是從三歲前與母親的關係中開始建立的。最早嬰兒所知道的世界只有母親的肚子，等到出生後，才會接觸到許多新奇陌生的事物。孩子在好奇心的驅使下，會試著去摸索、去嚐味道、去體驗觸感、去聆聽，甚至開口說話。有時孩子會突然心生恐懼而環顧四周要找媽媽，如果這時媽媽面帶微笑看著自己，孩子就會感到心安。當這種情形不斷重複時，孩子會對媽媽產生一種基本的信任，即便暫時沒有看到媽媽，心裡還是相信她馬上就會回來，而且會安心地對這個陌生的世界進行探險。

但是如果孩子一直找不到媽媽，或是媽媽表達出來的愛太多變，孩子對媽媽的基本信任就會開始動搖。以後只要一看不到媽媽，孩子就擔心媽媽會永遠消失，所以不管走到哪裡都要跟著媽媽。這樣的小孩當然無法放心去探索陌生的世界。

「基本信任」是我們在人生中與他人互動、在世界中探險的基礎。只有信任這個世界、信任其他人，才有可能與陌生人建立關係，或是去拜訪一個從未去過的地方，也才能克服對失敗的恐懼。

傷害多半來自親近的人

儘管我們願意相信自己及這個世界，但世界上卻依然充滿許多未知數及無法信任的人。有人相互欺瞞；有人為了金錢殺人；或是有朝一日發生恐怖事件及戰爭，讓一大群人遇害；或是浮動的經濟景氣令我們不安等等，這樣的世界教我們如何信任？這是個一旦失去利用價值就隨時可能被淘汰的社會，面對這樣的世界，我們只能張大眼睛、提高警覺，怎麼還有可能會相信它？

踏入社會一久，就會慢慢發現這個世界的險惡，也會發現它無情的一面。有人為了利益敵友不分，也有人看到你暴露一些小缺點，以後就趁機拿這點來反擊你，關係緊繃到令人疲倦的程度。

在生活中我們常會發現，傷害我們最深的就是自己身邊的人。昨天還跟我一起抱怨上司的同事，隔天就跑去向上司打小報告；曾經對我說「你就像我親弟弟一樣」的上司，有一天竟然剽竊我的構想，迅速完成一份提案。抱歉，還有一種朋友會懇求你借他二十萬，說好一個月後還你，結果錢一拿到就不打算還了。在這個冷漠的社會裡，利益決定人與人之間的關係，而且不斷在改變。這不禁讓人懷疑，人與人之間是否還可能擁有穩定的關係？

卡夫卡的《蛻變》帶給我們的啟示

那麼和家人的關係算是處於安全地帶嗎？卡夫卡在他的小說《蛻變》裡搖著頭跟我們說「不！」書中主角格萊高爾是個獨力負擔起養家責任的業務員，有一天早晨他發現自己變成了一隻蟲。以前家人連敲門都小心翼翼，怕會吵到他，但此時家人的態度卻突然轉變。媽媽看到兒子變成那樣，嚇到昏倒，從此不想再看到他；原本應該代替兒子去工作的爸爸看不起變成蟲的兒子，本來還想踩死他，不過被男主角的媽媽阻止。唯一還會幫他打掃房間、拿牛奶和麵包給他的妹妹，態度也慢慢變得跟以前不一樣。格萊高爾試圖表達他的想法，但是都徒勞無功。他希望能接近家人，卻得到反效果，結果只是爲他帶來更大的傷害。妹妹用手大拍桌子說：

「如果那個是哥哥，他就應該要離開這個家！」

最後格萊高爾在一間家具已經賣掉、佈滿灰塵的房間裡餓死了。家人總算感到放心，可以擺脫一隻骯髒的蟲。

卡夫卡藉由這部小說讓我們知道，一個失去能力的人會如何受到家人的疏離及苛待。在現代社會裡，失去能力的人有時被看成比一隻只會覓食且令人困擾的蟲還不如。

電影「登峰造擊（Million Dollar Baby）」裡的主角瑪姬在一場拳擊賽中傷到脊椎而全身

痲痺。她才受傷不久，剛從迪士尼樂園玩回來的家人就強拉她無法自主的手去簽名，目的只是爲了領走她的獎金。這也說明了當一個人失去能力或生重病時，別說是職場上的同事，就連家人也有可能會放棄自己。

雖然有句話說「血濃於水」，但是一碰到金錢問題時，我們常會看到這種關係立刻變得「比外人還不如」。有人爲了父母的遺產告上法庭，有人拋棄年邁重病的雙親，也有人因爲孩子有殘疾而棄養自己的小孩，這樣的世界實在讓人無法去信任它。

如何在危險的世界裡安全生存

於是剛踏進冷漠社會的30歲年輕人便開始猶豫起來，是否一定要爲生存而讓自己變得冷靜、精於算計，否則就只能吃虧或是被人利用，一輩子淪爲社會的邊緣分子？

但值得慶幸的是，社會上的好人終究還是比壞人來得多，大部分的人看到有人發生不幸，都會同情落淚，還會想幫助他們。而世界上守規矩、懂得尊重他人的人，也比不遵守規矩的人多。所以在社會遭到破壞的同時，也有許多人正在積極重建，彌補那些不幸的人所受的傷害，這就是社會眞正的全貌。

每個人心中都隱藏一股破壞、帶有危險性的衝動，但我們會以內心的自我及超自我結構去制止調整，況且社會也訂有法律規範，可以遏阻那些不當的破壞行動。當然世界上沒有一個地方是百分之百安全的，所以只靠超自我或法律並無法防止所有的危險，不過我們還是可以想辦法盡量讓危險降至最低。

問題是我們常常連自己都無法完全信任，當然就不可能去完全信任他人，既然不相信自己也不相信別人，又怎麼能要求別人完全相信自己？如果想在危險的世界裡安全求生，一定要先了解到一點，那就是世界上沒有任何一個地方是絕對安全的，其次要相信的就是世界上的好人一定比壞人多。此外我們也要承認，人是具有欲望及衝動的懦弱動物，爲了不傷害彼此，就必須訂出適度的規範來保護大家。爲了不引發其他人的嫉妒或競爭心理、報復心等等，記得要經常保持謙虛，懂得尊重他人。萬一自己受到傷害，不要只是忍氣吞聲，要做適當的回應以減少傷害，避免將來重蹈覆轍。

總之，值得信任的安全世界必須要靠我們自己去建立。最後請記得——我們大家都是彼此息息相關的。

在米奇．艾爾邦《在天堂遇見的五個人》一書中，主角艾迪一生都在一所叫露比的遊樂園裡負責維修遊樂器具。艾迪的左膝蓋在戰爭中受傷，必須拄著拐杖行走，後來連心愛的女人都提早到天堂去，讓艾迪覺得自己這一生渺小又卑微。他認爲這個髒兮兮又無趣的工作都是死去的父親留給他的，所以一直都對父親懷恨在心。

有一天，艾迪爲了救一個小孩而發生意外身故。艾迪死後第一個遇見的是個藍膚人，他告訴艾迪一個令人震驚的故事，原來藍膚人當初是因爲艾迪而死的。

在艾迪七歲那年，有一回和朋友玩球時，朋友將球丟到了馬路上，艾迪跑到車道上去撿球，完全沒有注意到路上的來車。艾迪好不容易撿到球，準備回去找朋友玩，但是卻有一輛車爲了閃躲艾迪而撞上卡車，坐在裡面的藍膚人也因此死亡。

雖然艾迪不是故意的，但藍膚人是因爲他跑到車道上才發生意外死亡，艾迪望著藍膚人說：

「因爲我的愚蠢，糊塗跑到馬路上，結果害死了你。爲什麼死的會是你？這樣並不公平。」

藍膚人聽完後對艾迪說：

「你說死的應該是你而不是我，但是生與死並沒有所謂的公平。我在世的時候，也有其他人因爲我而死，每天都有這樣的事發生。」

儘管如此，艾迪還是無法理解，藍膚人對他說：「如果我的死能換得你的生，那也很好，所謂『別人』，只是我還來不及相遇的『家人』，就像分不清風與微風一樣，每個人的人生也與其他人的人生密不可分……」

看完這個故事，我有一個感想。如果大家知道彼此的人生互有關聯，如果知道自己有可能在無意間爲他人帶來傷害，那是不是就能以更謹慎、更溫和的角度來看待其他人以及這個世界。

為什麼她不記得國中以前的事？

「我們家沒有任何問題。父母很慈祥，小時候也沒發生什麼事。」L因爲患有慢性憂鬱症及偶發性暴怒，所以前來尋求心理治療，每當問起小時候的事，她總是這樣回答，還有最特別的是她說她完全不記得國中以前的事。

「國中以後的事還記得一些，但國中以前的事就想不起來了。大概沒發生什麼特別的事吧。」

聽到她這麼說，我小心翼翼地問她：

「是不是因爲想起以前的事太痛苦？」

她停了一會，仍然辯解說家人眞的相處很和睦，只不過沒發生什麼特別的事，所以想不起來。不過在經過幾次面談後，她逐漸從壓抑記憶的防衛中解放，開始一一回憶起幼年時經歷過的痛苦。經常生病且憂鬱的母親，一出生就被送到外婆家的弟弟，還有對不顧家的父親心中懷有的怨恨及思念……等等。

爲什麼她會想不起國中以前的事呢？爲什麼家裡明明有問題，她卻堅稱家庭和睦呢？她認爲自己有問題，才會跑來找我，但卻又害怕接近自己的潛意識，還沒做好心理準備去面對幼年時所受到的傷害。

於是她乾脆將年幼時沒有能力去承擔的可怕事件全部忘記，希望藉由清除那些記憶，能讓自己脫離因傷害而承受的痛苦。她甚至扭曲記憶，將「不和睦的家庭」說成是「和睦的家庭」，然後自己就可以如願，變成一個在毫無問題的和諧家庭中長大的小孩。然而過去的傷害卻依然留在她心中。

過去無法釋懷的痛苦記憶總會留在心中，在不經意間又會以某種型態出現來折磨我們。過去沒有解決的問題變成了「無解的經驗」，持續侵蝕現在的生活。這名女孩的慢性憂鬱症及暴怒就是來自於小時候內心所受到的嚴重創傷。

沒有解決的過去會讓現在受到侵蝕

我們心中都住著一個受傷的小孩，這個小孩受了傷，卻沒有人發現或是替他治療，於是他就躲在我們心中的角落。結果時間停留在他受傷的那一刻，受傷的小孩不再發展，也不再成長。

當然，心中那個受傷的小孩不斷努力，希望能從痛苦中掙脫出來。他費盡心思想重回到過去，好讓傷害不會發生，或是試圖扭轉，讓結果變得不同，用這種方式來克服心中的傷痕。這也就是爲什麼我們常會不知不覺一再重複經歷過去痛苦的原因。

所以當我們老是跟同類型的對象交往或是不斷重複相同的錯誤，或是明明渴望愛情卻又老是在愛情來臨時將它往外推時，我們就應該好好想一想，問題到底出在哪裡，而這些重複發生的事是否與過去令人心痛的記憶有關？

安靜聆聽自己內心的聲音吧。仔細觀察是什麼讓自己恐懼？是童年的哪段記憶在自己心中留下陰影？還有是什麼時候受傷的小孩在心中哭泣不已？

沒有人可以完全擺脫過去的影響

「好的開始是成功的一半」。要知道並承認自己有問題，是件不容易的事。世界上沒有人是毫無問題的，每個人心中或多或少都有些無解的問題，所以精神分析先驅佛洛依德提出的「正常標準」也說每個人都帶有「些微歇斯底里（a little hysteric）、些微偏執（a little paranoid）、些微強迫（a little obsessive）」。這也代表沒有人可以完全擺脫過去的心理陰影，所以不需要羞於承認或是否認自己內心的問題。只有面對它，才有可能進一步了解「自己的問題到底在哪裡」。

所以別再對心裡那個受傷的小孩視而不見了。當類似的痛苦仍在繼續時，你應該要聽懂那個受傷的小孩吶喊說他希望成長的聲音，同時幫他從痛苦的記憶中掙脫出來。除了讓心中受傷的小孩可以盡情哭泣外，還要讓他說出哪裡會痛，幫他在傷口上擦藥，這樣才能讓過去的舊傷口癒合，送走痛苦的過往。

經過這一番過程後，即使將來又碰到類似的經驗，你還是可以這樣告訴自己：「這件事跟以前那件事無關，只不過我自己擔心以前那件可怕的事會再發生罷了。更何況現在的我也不是以前那個無力反抗的小孩了，就算碰到相同的情況，我還是有辦法迎刃而解。」當然有些情況除了需要理智外，還需要在情緒上獲得解決才行，不過這樣做至少可以防止心中那個受傷的小孩去啓動不成熟的防衛機制，導致相同的痛苦再度發生，而且可以幫助他脫離過去不停糾纏的陰影，讓他好好看清現在的自己，感受這個世界，然後可以活在當下。

只要不斷努力，總有一天能感受到成果。你會發現自己不再痛苦，受傷的小孩也不再哭泣，而且開始成長。

「從盛怒的人臉上，我看到一種比獅子、鱷魚、龍還恐怖的動物本性。……如果把這種本性想成是身爲人的必要資格之一，那我就會對自己感到絕望。一想到恐怖的人類，我就不禁發抖、戰慄，對於自己的言行是否能符合人類的資格，我完全沒有把握。我將煩惱裝在內心深處的一只小箱子裡，將憂鬱和緊張隱藏起來，還假裝自己是一名天眞的樂觀主義者，讓自己慢慢變成一個滑稽而奇怪的孩子。」

太宰治小說《人間失格》裡的主角葉藏擁有純眞的靈魂，他總是無法理解那些戴著面具相互欺瞞、充滿矛盾的人們。

葉藏不善於吵架或自我辯解，當碰到人們生氣時，他會害怕得不知該怎麼辦。爲了隱藏自我，葉藏變成一個逗趣耍寶的人，努力迎合他人的胃口，希望能逗別人笑。

「不管怎樣都無所謂，只要能讓他們笑就好。……總之不要惹別人不高興。我是無，是風，是空。」

即使葉藏如此努力，他還是無法適應這個世界，而且總是被人利用。他開始沉溺於菸酒和女人之中，最後被送進了精神病院。葉藏失去了夢想、健康和所有的欲望，才27歲的生命卻儼然像個老頭，而且成了一名「人間失格者」。

到葉藏變成「人間失格者」為止

當心中潛藏的危險欲望表現出來時，我們會感到不安，因爲我們擔心被別人嘲笑或是遭到他人排斥，也擔心會發生可怕的事而影響到我們所愛的人。這種不安的心理，我們稱之爲「預期性不安」。

預期性不安是一種警告，它在心中提醒我們「喂，再這樣下去會出事的」。不過幸好我們心裡具有一種檢查機制，當那些危險欲望準備破牆而出時，它們得先經過兩道檢驗過程，最初的欲望最後會轉變成其他型態，在通過檢查機制後才表現出來。這時所使用的就是防衛機制，也就是說我們藉由防衛機制去壓抑或轉化具有危險的內在衝突，並經由這個過程使其不再具有危險性。

在《人間失格》的故事裡，葉藏因爲害怕自己和其他人內心的攻擊性與貪念，所以啓動各種防衛機制去進行防禦。很可惜的是，他所使用的大多屬於不成熟的防衛機制，導致最後爲他帶來自我毀滅的結果。

葉藏所使用的防衛機制主要是「投射（projection）」。他無法接受自己和其他人一樣擁有具破壞成分的攻擊性，所以將這種危險欲望的責任推卸給別人，讓它變成是對方的錯，結果他就變成像是完全不具危險性一般的單純了。不過葉藏的投射作用並沒有完全得到成功，因爲內在潛藏的破壞性衝突仍讓他感到害怕，讓他爲此而困擾。

所以葉藏又繼續使用下一個階段的防衛機制，那就是「投射性認同（projection identification）」。由於無法將危險的屬性全部推卸給其他人，葉藏便試圖利用「投射性認同」從其他人身上引出這種屬性，然後加以調整，用這種方法來調節自我的衝動。

舉例來說，葉藏先刺激女人爲他口交，但在進入性關係後，又讓自己變成好像是受到女人強迫一樣。他無意識地誘導女人扮演壞人的角色，然後自己再扮演一個善良的犧牲者。

不過再怎麼花費心思，那些危險的衝動是不可能完全消除的。爲了防禦剩餘的衝動，葉藏又再使用另一個階段的防衛機制——「戲畫化（caricaturing）」。

所謂「戲畫化」，是指將害怕的對象塑造成像漫畫一樣滑稽的人物，藉此降低恐懼，而葉藏所戲畫化的對象不是別人，正是他自己。他將自己塑造成滑稽的人物，取悅別人，想透過這種過程將自己轉變爲不具攻擊性或危險性的存在。

但是這些防衛機制並沒有讓葉藏眞正適應這個社會，反而讓他變成無法扮演好人類角色的卑微者。葉藏長大後發現，自己在這個險惡的世界裡一事無成，於是他又開始使用所謂的

「逃避（avoidance）」及「退化（regression）」兩種防衛機制。

「逃避」是指與危險的狀況及對象保持安全距離。葉藏逃避去扮演一個社會成員的角色，他選擇關在房間裡嘲笑社會，不願走入社會，也等於是逃離這個社會。但由於自己已經成爲一名無力的失敗者，這件事又令他更加感到自卑。

面對這種自卑感，他採取退化到幼年期的方式來保護自己。所謂「退化」，是指在面對嚴重挫折時，後退到比現在更幼稚的過去水準。葉藏退化到口腔期，開始用酒和香菸麻痺自己。他宛如吸母奶一般抽著菸，而當他喝醉時，整個人就充滿了像是躺在母親懷抱裡的感覺。

葉藏對於社會及其他人無法接納自己，並且冷漠又殘酷一事感到憤怒，但是他又怕如果將憤怒表現出來，可能會刺激到別人，最後爲自己帶來更大的傷害。

因此他把自我的憤怒轉向自己，採取了「攻擊性轉向自我（turning aggression against the self）」的防衛機制。他把攻擊性轉向自我，開始逐步毀滅自我，先藉由酒精及毒品破壞自己的精神及肉體，最後甚至產生自殺意圖，想讓自己消失。

葉藏的防衛機制並不成功。他使用的都是投射或投射性認同、戲畫化、逃避和退化、攻擊性轉向自我等不成熟的防衛機制，最後終於讓自己成了一名人間失格者。

不使用防衛機制，代表不需要防衛或是無力防衛。但是每個人都有不斷的欲望及衝動，所以不管是誰，都無法避免地必須使用防衛機制。

不過我們能使用的防衛機制有許多種，除了不成熟、具破壞性的防衛機制外，也有較成熟、具建設性的防衛機制。小時候因爲性格結構及自我尚未形成，所以多半會採取較不成熟的防衛機制，但是當性格結構逐漸明朗、自我開始強壯後，這時就應該啓動較成熟的防衛機制。

防衛機制中最具代表性的就是「壓抑（regression）」。壓抑是防禦不安時所啓動的第一道防衛機制，它可以將不願再回想起的痛苦記憶以及帶有危險性的欲望壓制在內心深處。透過這個防衛機制，大家得以保持安全，不會受到社會所不容許的危險衝動所傷害。不過被壓制的欲望會在我們心中累積成一股強大的能量，然後在裡面翻攪，不斷想衝撞出來。爲了防止這種情況，我們便需要啓動另一種防衛機制。

除了前面提到的防衛機制外，還有一些其他不成熟的防衛機制，像是：「否認（denial）」、「隔離（isolation）」、「抵消（undoing）」、「反應結構（reaction formation）」等等。「否認」，就像在心中吶喊著「我不可能有那種不好的欲望」，然後將那些一旦意識到就令人無法忍受的某些想法或欲望、衝動等等，都無意識地予以否決。所謂「隔離」，是指將情緒從想法中抽離並加以壓抑，只在意識中保留單純想法的部分。「抵消」則是指當感覺到自己的敵對欲望或攻擊性導致他人受害時，會設法抵消這種情況或是試圖恢復原狀的行動，例如當對不被允許的對象有性衝動時，爲了消除這種衝動，會有不斷洗手的強迫性舉動發生，這就是屬於抵消防衛機制。而「反應結構」是指做出與內心完全不同的舉動，例如面對權威性人物時雖然帶著強烈的敵對感，但卻反而表現出謙恭有禮的態度。

此外還有其他各種防衛機制，有的防衛機制能成功，有的則會失敗，尤其是不成熟的防衛機制，失敗的機率當然越高，因爲如果長大後還繼續使用幼年期不成熟的防衛機制，這樣便無法符合現實，況且成人的欲望與小孩不同，幼年時期的防衛機制力量也相對較爲薄弱。所以成年後應該要拋棄童年時的防衛機制，開始採用較成熟的防衛機制才行。

你現在使用的是哪一種防衛機制？

那麼成熟的防衛機制到底有哪些呢？如果《人間失格》裡的葉藏希望像令人尊敬的兄長一樣，將兄長當成好的行動學習典範，這種方式我們就稱之爲「認同（identification）」。如果葉藏能將破壞性欲望用圖畫或文字表現出來，藉此加以釋放，也就是說可以予以「象徵化

（symbolization）」或「昇華（sublimation）」的話，他就能某種程度脫離自我折磨的恐懼。此外成熟的防衛機制還包括「合理化（rationalization）」、「代替形成（substitution）」、「利他主義（altruism）」等等。

如果你爲了克服恐懼及不安而浪費許多精神，卻還是得不到想要的平靜，這時你就得好好地思考，是因爲使用了不成熟的防衛機制，還是因爲長大後仍對童年時的恐懼懷有不安。不要害怕內心所產生的衝動，只要你了解自己現在所使用的是哪一種防衛機制，稍加改變做法，你會發現眼前的世界以及你在鏡中反射出來的模樣，將變得更溫暖而多情。

有些問題現在不克服，就會跟著你一輩子

「無聊的一天又要開始了。」

30多歲的進勇在補習班教英文，他在白天無所事事，等到傍晚別人下班時才開始工作。教書本來就是枯燥的工作，而那些桀鶩難馴的小孩又讓工作變得更無趣。不過爲了生活，他還是勉強撐下去。

只要想到未來，他就感到黯然。再過幾年就40歲了，如果到那個年紀還在做這個工作，那該怎麼辦？等年紀大一點時，體力就會變差，而且還要面對年輕人的競爭，自己的機會將會越來越少。

進勇從小就沒有特別想從事的工作，對這個世界也沒有太多的好奇和興趣。他只是個聽從父母要求的乖小孩，成績不算差，運氣也都還不錯，所以能考進名校。畢業後沒什麼目標的他向幾間大公司投了履歷，但都沒被錄取，只好繼續在家待業。後來禁不起父母的叨唸，他只好出國進修一年英文，回來後才好不容易找到這家補習班的教書工作。

比起兒子好不到哪裡的爸爸常罵進勇：「一個男孩子這麼沒有雄心壯志。」進勇聽了就

會自言自語地回應說：「我會變成這樣是誰害的？」然後跑進房間裡。

進勇小時候很聰明，還常被人家稱做天才。父母受到他的聰明所鼓舞，便帶著他到處跑，希望讓他學習所有「好的東西」，也因此他幾乎踏遍所有的補習班。有一次他耍賴說不想去補習，結果被父親狠狠毒打一頓，還在冬天將只穿一件內衣的他趕出門。進勇在外面忍耐了一小時的寒風和羞辱，從此不再反抗父親，他決定默默按照父母的要求去做。進勇失去了自主性，內心彷彿空了一塊，內心空虛的自我使他對外在世界逐漸失去興趣。

為了能真正長大成人，就必須經歷別離

小孩子都希望趕快長大成人，但在長大前總要經過漫長的等待。小時候還不懂，時間其實就在等待中流逝了，時間讓很多事情從指縫間溜走，也讓冷漠的現實感悄悄塡滿了空檔，但是小孩子還來不及懂得這些。

所謂長大，也隱含著與過去告別的傷感，因爲重新出發必須要從告別過去熟悉的事物開始。而在長大的過程中，我們到底失去了些什麼呢？

首先爲了當個大人，我們必須告別一直保護我們、疼愛我們的父母親溫暖懷抱。過去父母會隨時陪在我們身邊，扮演著保護我們的堅強角色，如今要告別他們，這是件讓我們多麼

傷感與不安的事。

從小到大，只要一碰到困難，我們就會跑去找父母親討論，希望得到他們的幫助。所以當我們犯錯時，只要想到有父母親替我們扛責任，心中就不會害怕。可是等到長大以後，自己就要爲自己所做的事負起全責，雖然還是可以找父母討論商量，卻不能再像以前一樣依賴父母。父母從保護者的角色變成了保證人，現在起我們要將父母給予我們的一切傳給子女，也就是說我們已經踏入爲人父母的階段，不能繼續躲在父母溫暖安全的懷抱裡。也因爲如此，在長大成人的過程中總會伴隨著感傷與不安。

第二點，如果你在長大後的某一天照鏡子，你可能會被自己的模樣嚇一跳，因爲和你小時候夢想的樣子實在差太多了。這可能會讓你感到心慌，但這就是另一個準備告別的時機——與小時候以爲什麼事都是可能的遠大夢想告別。

青少年時期夢想的事很多，有時會想像自己在社會上功成名就、受到其他人崇拜的華麗模樣，有時會夢想自己犧牲奉獻、宛如聖人的模樣。當時的眼前充滿了各種可能性，總認爲只要是自己所期望的目標，無論什麼都可以完成。

然而等我們長大以後，我們才發現自己在鏡子裡的模樣與過去所夢想的完全不同。這時我們開始明白，就算打破鏡子也無法改變自己的面貌，同時還必須忍受因失望所帶來的痛苦。這也代表我們應該拋開小時候做錯事時的期待——以爲自己做錯事都可以被原諒，或是以爲做了壞事就會有人出來收拾善後。長大後的你必須承認所有事都要自己解決，自己負責，而且你的義務將會大於權利。你也必須接受一些事實，像是自己的力量其實很渺小，你能享受的自由很有限，還有你與所愛的人之間無法維持完整關係等等。

領悟到人生是受限制的，體認到長大以後再也無法自由選擇，了解到人生總有無法完成的夢想以及現實的落差，這些都是人類存在的一個面貌。小時候總以爲「我就是世界，我的希望就是命令」，長大成人就等於放棄幼年這種自以爲全能的自戀心態，也等於是與它告別的過程。

為什麼這個世界讓進勇感到無趣而憂鬱？

生活中難免有讓人倦怠的時候。不過「忙碌之餘的短暫倦怠」和「找不到生活意義而想從這個世界退縮的倦怠」，兩者間卻有很大的不同。借用羅素的話，前者是有建設性的倦怠，後者則是破壞性的倦怠。心理分析則將破壞性倦怠稱爲「異常性的疾病」。

前面提到過的進勇缺乏志向，對一切都失去了興趣，但其實他也曾懷抱著如父母期待般的自我理想，希望有朝一日能夠成功，得到眾人的掌聲。可是等他長大之後，他必須承認在無法盡如人願的現實中仍存在許多限制，所以他應該調整夢想以符合現實，也就是說他需要一個放棄崇高自我理想並爲此哀悼的過程。

然而渴望受到父母肯定及關愛的進勇並無法放棄高目標的「理想自我（ego-ideal）」。所謂「理想自我」，是指「我應該要成爲這樣」的自我要求，這種自我要求是將成長過程中所受到的父母讚美或是父母追求的價值觀予以內化而形成，並與良心一起構成「超我」。但是當理想自我的目標過高時，很容易因爲與現實中落魄的自己落差太大，而導致失望及憂鬱。所以等進勇年紀越大時，那些無法完成的夢想與自己之間的距離越來越遠，使得他的挫折感也越深。由於無法達到理想自我，原本希望得到父母關愛的他反而遭到父母排拒，這也使他備感無力。

如今他的人生已經失去意義。這種挫折感刺激他憤怒的情緒，讓他覺得自己相當落魄，除了充滿無力感之外，也經常感到疲累。從這個角度來看，進勇的倦怠可說是種「痛苦的孤獨」，也是一種「對自我的幻滅」。

他最常使用的防衛機制是退化、投射及逃避。他對自己無法達成理想自我而感到挫折、憤怒，爲了防禦這種令人害怕的情緒，他退化到凡事都必須依賴父母的幼年期。他還將自己無法在現實中接受任何刺激的錯誤投射到外部，認爲所有錯誤都是因爲外部刺激不當以及父母養育不當所引起，而不是因爲自己的內心空虛。此外他也盡量對只會帶給他挫折感的現實世界視而不見，想盡辦法逃避。

哀悼過去，勿再拖延

有人和進勇一樣，至今仍然無法告別過去。捨不得離開母親溫暖的懷抱以及幸福童年生活、一直想要回到過去的人，還有定格在童年不願長大的人……等等，我們稱之爲「彼得潘」。

爲了成爲大人，我們必須與過去告別，不管有多麼悲傷或者多麼不願意。而這個送往的過程就是「哀悼」。

對於一切失去的事物，我們都需要一個哀悼的過程。哀悼的過程不是一瞬間，而是必須經歷一連串的階段。當我們面對失去時，第一個反應通常是否認，一邊搖頭一邊說「不，不可能」，想藉此否認失去什麼。經過一段時間之後，已經失去的事實不斷重複提醒自己，此時心頭會逐漸湧現憤怒，吶喊著「爲什麼是我！」不過這種憤怒也代表已經開始接受失去的事實。除了慢慢接受已經永遠失去的事實外，心中也同時籠罩著一股悲傷。在悲傷的那段期間，我們會對人生有深度的透徹省察與理解。馬塞爾·普魯斯特將這個過程描述如下：

「克服悲傷後，觀念也會隨之而至。當悲傷轉變爲觀念時，令我們椎心刺骨的悲傷會失去一部分力量，而且即使這種變化本身只是一瞬間，但卻會閃過一絲的喜悅。」

在這段過程結束後，我們才會將對逝去人事物的追憶保留在內心深處，然後重新出發，尋找新的關係。因此所謂的哀悼，是一種充分的悲傷與接受，也是一種送往和重新出發。它更是一種失去，以及將所失去的人事物永遠保存在心中的一項過程。

如果沒有經歷哀悼的過程，我們就無法送走過去，也會一直深陷其中，有如在過往徘徊的幽靈一樣。以進勇的情況來看，他就是身處現在卻無法面對現在的例子。不過承認過去的日子不再復返並不代表遺忘過去，而是將過去的追憶保留在心中，讓它成爲我們精神結構的一部分，永遠活在我們心底。

將「失去」當成生命中不可或缺的要素，還有爲逝去的一切事物哀悼，這些都是蛻變與成長所必經的歷程。所以在我們眞正長大成人之前，都要經歷或大或小的哀悼過程，而且會不斷重複送往迎來，直到離開這個世界爲止。

成長其實是件令人悲傷的事，不過當你能接受這一切時，你就能得到按照自己需要去選擇的自由。如果你向來只知道照著父母的話去做，從現在起你該做的事就是和父母告別，和童年告別。不要讓自己因爲困在「過高的理想」中而痛苦，現在就把它們送走，然後張開雙臂迎接嶄新的人生。

「我討厭你。」

不管是誰，聽到這句話大概都會楞在那裡。如果對方剛好又是你希望能被他關愛的人，你可能會認爲「討厭我」這句話就等於在說「我沒有存在的價值」。電影「心靈捕手」中的天才青年威爾就是一個例子。

威爾小時候就被親生父母棄養，後來又被養父母收養、棄養了好幾次。他還曾經被其中一對養父母羞辱痛打一頓，因爲有這些痛苦的回憶，使得他心中對這個世界有著極端的不信任及憎惡。他住在波士頓的貧民區，並在麻省理工學院擔任清掃的工作，沒有上過大學，卻有著能夠透過自修而領悟的不平凡頭腦。他經常和朋友一起找哈佛大學學生辯論，最後在論戰中給他們痛擊，藉此享受勝利的喜悅。

小時候留下被棄養或受虐記憶的人都會覺得是因爲自己不好，所以才會被棄養或虐待。爲了保護充滿無力感及自卑感的自己，威爾使用了「理智化（intellectualization）」的防衛機制。他利用傑出的聰明才智，將遇到的人嘲弄一番，使他們看起來好像很無能，然後透過這種方式，讓別人不敢再看不起或欺負他。

不過在他贏的同時，他也感受到了孤獨。因爲他擔心再度被拋棄，所以不敢敞開心門去對待他人。有一天威爾認識了哈佛醫學院的學生史琪拉，兩人開始交往，但是威爾仍然無法對她敞開心門，最後還是決定分手。史琪拉離開時對威爾這樣說：

「你在害怕，擔心萬一你表現出脆弱的一面時，你會被我拋棄。」

如果我身處在困難的環境裡——比方說因爲犯罪而進了監獄，但仍有人不願意放棄我，甚至還溫暖地包容我，這將是多麼幸福的一件事。心理學家布魯諾・貝托漢（Bruno Bettelheim）曾經說過，支撐他在納粹集中營裡活下去的力量就是「相信還有其他人發自內心地擔憂著自己的命運」。人們結婚的理由，或許也是因爲想多找個眞正關心自己命運的人吧。根據杜克大學醫學中心的研究，在接受危險手術的病人當中，有配偶或有較多好朋友的病人會比親友較少的病人存活率更高。這說明了親密關係是讓人們生存下去的主要力量。

這種與其他人建立親密關係的能力，應該是成人初期就要完成的發展課題。

然而這個世界上並非只存在我們想要的關係，很多時候也要面臨必須與價值觀或生活方式不合的人建立關係的情形，像是公司的同事或事業上認識的人、新鄰居、配偶的家人等等都是。

在與他人建立關係時，一般人在過了30歲以後都具有能力足以應付不喜歡的狀況，也懂得去尊重不喜歡的人，這是因爲必須接受現實上的關係，而且會從較寬廣的角度去評定一個人的優缺點，所以即使不喜歡，也能夠維持一定的關係。

但是年紀越大，並不代表就一定可以拓展人際關係，因爲有些人仍是只想和自己喜歡或肯定的人來往。人際關係狹隘的人大多缺乏自信，他們認爲與自己完全無法接受的人建立關係是一種「屈服」，所以會固執地強求別人配合自己，並排斥那些不願意配合的人。如果過度懼怕對其他人敞開心房，很容易就會陷入自我孤立，過著封閉的生活，不然就是乾脆否定親密關係，只和他人維持表面上的關係。

每個人都需要與他人維持一個足夠保護自我的「心理距離」。心理距離有存在的必要性，它可以保護自己的世界不受他人入侵及干涉，如此才能穩固自我認同，也可避免自己內心具有攻擊性及破壞性的性需求外顯而傷害到他人。所謂的親密感，必須在個人不失去自我認同的前提下才能與對方持續交流，所以當一個人無法確立自我認同時，將會很難與其他人接近。

「人之所以想與其他人親近，就是希望能與他人分享內心深處的自我。」——麥克・亞當斯博士曾經這樣說過。前面提到的威爾因爲被父母親拋棄而感到自卑，爲了不想讓別人看到自己陰暗的一面，他只好與心愛的人分手。

仔細觀察像威爾這種害怕與他人接近的人，會發現他們總是將自己黑暗的一面擴大，所以才會無法了解其實對方也有相同，甚至比自己更大的痛苦或悲傷。

每次碰到這種人，我就會想起美國的心理學家丹尼爾・戈特里布（Daniel Gottlieb）。他因爲有學習障礙，成績常不及格，大學也轉學過兩次，但他仍然不氣餒，最後終於克服障礙，取得心理學博士學位。不過考驗並未因此而停止。有一次他爲了去拿爲太太準備的禮物，卻在路上碰到意外交通事故，導致脊椎受傷，變成全身癱瘓。

當時他才33歲，心想這樣還不如死去的好。但是來看病的人都安慰無法做任何事的他：「一定要堅強活下去。」他的頭蓋骨鎖上螺絲，頭部無法自由轉動；當麻醉藥退去時，腦部就像要爆裂般疼痛。他恨那些不能眞正了解自己痛苦的人，也不想再見到他們或是聽任何人的話。

某天深夜，他發現自己的病床旁邊坐著一名女子，這名女子知道他是心理治療師，所以來找他訴苦。雖然不知發生了什麼事，但四肢健全的她看起來比全身癱瘓的他更淒慘。她開始傷心地對躺在病床上的他哭訴，好像自己承擔著全世界所有的痛苦一樣。她冗長地訴說因爲心愛的男子離開她，所以痛苦得想要自殺。

起先他對她感到無法理解，不過在不得已的情況下聽完她的話後，他發現他第一次忘掉自己身上的病痛。而且雖然只是聽這名女子訴苦，卻也對她產生了幫助，當他發覺這點事實時，他體認到就算是全身癱瘓，也有充分活下去的價值。她讓他發現自己存在的意義，更讓他領悟到人活著就是要與他人分擔痛苦。

那些害怕與人親近的人，也許正在等著你伸出雙手呢。只不過那個人雖然像你一樣寂寞、辛苦，但是卻不想讓別人知道，所以提不起勇氣。如果能鼓起勇氣在彼此之間建立關係網，就能感覺到憂鬱及痛苦一點一滴在網中濾掉。即使碰到了挫折，也不會再對生命感到懷疑，而且能夠填滿生活中的空虛，不再覺得感傷。所以你只需要先向對方伸出手，一切問題就可以迎刃而解了。

【金惠男的心理治療咖啡館】

我是不是也有愛的障礙？

有些人不懂得要如何愛別人。美國心理分析家奧托‧肯伯格（Otto Kernberg）曾經針對因受限於個人問題而無法愛人的人進行研究，以下介紹兩種一般人身上也可能出現輕微症狀的類型。

一、邊緣性人格障礙

乍看之下，情感豐富的人似乎很有魅力，但這種人認識越久，越容易發現他們衝動、幼稚及不穩重的性格常使得身邊親近的人陷入一片混亂。小時候因爲與母親無法維持一致的關係，所以記憶中保留著被過度干涉管控或是與母親關係混亂的部分。這種人缺乏對自我的一貫認同，便希望能不斷藉由他人來彌補脆弱的自我。他受不了一個人獨處，所以經常不停息地四處找人陪伴。

這種人在談戀愛時的樣子非常熱情，他們擔心對方離開，所以有著近乎異常的執著。可惜的是他們的愛情總是無法長久。因爲一開始將對方過度美化，等到發現對方無法符合自己的期待或是有著令人失望的缺點時，就會開始對他們評價低落。此時他不再像以前一樣，而且變成只想利用別人的壞人。

所以具有邊緣性人格障礙的人注定無法幸福，因爲他們無法忍受身邊沒有伴侶，但是如果對方太親近，他們也同樣無法忍受。不能太靠近也不能離開，最後他們的愛情陷入一種病態的執著，甚至還毀了自己。

【自我診斷測試】

（至少五項符合時，就有可能具有邊緣性人格障礙。）

①瘋狂地努力，以避免在現實生活或想像中被拋棄。

②不穩定且緊張的人際關係，不斷重複在過度理想化與否定評價的兩極端之間。

③在自我形象（self-image）或自體感受（sense of self）上有明顯且持續的不安。

④有兩種以上可能會傷害自己的衝動性或無法預測的行爲（例如：性、浪費、賭博、服用藥物、駕車超速、過食等等）。

⑤重複企圖自殺、威脅、自殘等行爲。

⑥因爲情感易於反應而導致情緒上的不穩定，所以有時會感到心情低落或容易受刺激，且持續感到不安。

⑦患有慢性的長期空虛。

⑧常見持續生氣或爭吵等不適當的暴怒，或是有無法控制憤怒情緒的症狀。

⑨有壓力時，會產生暫時的妄想性思考，或是經驗解離性症狀。

二、自戀性人格障礙

具有自戀性人格障礙的人因爲對自我迷戀，而且缺乏與對方產生情感共鳴的能力，所以不容易談戀愛。對他們來說，要開始談戀愛當然很困難，但更困難的是他們無法承受在談戀愛過程中所碰到的挫折，所以戀愛過程並不順利。

他們的特徵是看起來雖然冷漠、強勢、難以親近，但其實他們是不懂得如何接近他人，而且容易因爲小事受到傷害。他們在三歲前的成長過程中曾經被母親冷淡地拒絕，或是有過被忽視的經驗，所以對於遭到拒絕一事非常敏感。爲了保護脆弱的自己，他們創造出一個強大的自我，然後將自己藏在一座不會被任何人傷害、只有獨自一人的城堡裡。

這種人擔心如果暴露出自己軟弱的一面，很可能會被對方拋棄，所以當他人接近自己時，會盡量與他人保持距離。

【自我診斷測試】

（至少五項符合時，就有可能具有自戀性人格障礙。）

①沒有特殊成就，卻希望別人肯定自己的優越性，會膨脹自我的重要性及特出之處。

②執著於無止境的成功、權力、優越、美貌、理想愛情等等。

③相信自己是「特別的」，也相信只有特別且高貴的人才能了解自己並和自己產生關聯。

④追求對自己的誇大驚嘆。

⑤認爲自己有享受特別待遇的權利，而且所期待的事都能達成。

⑥爲了自己的欲望，可以與他人維持欺瞞或利用等壓榨性的關係。

⑦缺乏與他人的共鳴，不會察覺他人的心情或要求，且沒有同理心。

⑧猜忌他人，或認爲其他人在猜忌自己。

⑨常表現出傲慢無禮的舉動或態度。

「媽媽男孩」、「媽媽女孩」的誤解

秀京氣到說不出話來了。

今天要和男朋友家人見面，這個男孩子是五個月前由媒人介紹認識的，一流學府畢業，有份很好的工作，家世也不錯。個子雖然矮了些，不過氣質出眾，談吐風趣幽默，足以掩蓋身高上的缺點。因爲感覺不錯，所以決定交往，秀京也發現自己越來越喜歡他。

於是秀京帶著喜悅又忐忑的心情與男友的家人見面，但這是怎麼回事？男友每句話後面都要加上「媽媽、媽媽」，而且很愛跟媽媽撒嬌，和媽媽及姊姊說的話比跟自己說的還多。更令她生氣的是他媽媽和姊姊對兩人戀愛的過程似乎瞭若指掌，連什麼時候牽手、什麼時候接吻都知道。他媽媽甚至對秀京說：「那天我有叫他送三十朵花給妳，還不錯吧？」秀京今年30歲了，「難道這男孩子這段期間對我所說的話和做的事，都是受到他媽媽和姊姊的指點？」秀京想到這裡不由得起了雞皮疙瘩。

見完面後，秀京和男友大吵一架。秀京責問男友：「你怎麼可以這樣？」男友卻生氣地回她：「不然什麼事都要瞞著我母親嗎？」

慶洙最近開始感到懷疑，他問自己：「我眞的能和這個女孩子共度一生嗎？」不過他又怕萬一突然提出分手，纖弱的美愛可能會受不了這個打擊。美愛有種魅力，會激發男孩子想保護她的心理，慶洙一開始也是因爲想保護她才和她交往。

但是從美愛的母親邀請他到家裡之後，他就開始感到有些不對勁了。她媽媽給人一種強勢的印象，不斷仔細追問他每一件事，同時開始叮囑他：「我們家美愛很脆弱，你要小心這個，注意那個……等等。」美愛就像媽媽的洋娃娃一樣，被小心地捧在手裡呵護著。

之後每次見面時，都有媽媽的影子夾在兩人中間。如果說：「妳今天好美」，美愛就回答他：「這件衣服是早上媽媽幫我挑的。」而且每句話都會提「我媽媽說什麼」。更誇張的是只要兩人一吵架，隔天他就會接到美愛媽媽的電話，不是解釋「其實美愛是因爲這樣，所以才那樣」，再不然就是責問他「你怎麼可以這樣」，宛如是美愛的代言人。現在已經每件事都要管了，結婚後更是無法想像。

「媽媽男孩」、「媽媽女孩」的誕生

秀京的男友和慶洙的女友雖是成年人，但其實還沒有眞正長大。他們沒辦法建立自己的世界，害怕獨力去做某些事，所以經常提到媽媽。兩人的母親也覺得孩子沒有自己就無法站直，所以一直想要介入孩子的人生。「媽媽男孩」和「媽媽女孩」便因此而誕生。

這種人最害怕的就是與媽媽分離。當我們還在母親肚子裡時，我們和母親是一體的，一直要到出生切斷臍帶後，身體才開始獨立。心理上的臍帶則要等到二～五歲左右才會切斷，這時候的小孩會想要獨自體驗這個世界，並在心理上脫離母親而獨立。至於一般所謂眞正的獨立是指經濟上的獨立，這部分通常要等到20多歲有工作後才能完成。

但是「媽媽女孩」和「媽媽男孩」害怕獨立，因爲他們的自我還沒有強大到能夠自力站起來，所以需要一種可以扶助自己的「輔助自我（auxiliary ego）」。而他們所不足的部分，就是由他們的母親去彌補。

我們和母親都經歷過一段「和解期」。所謂「和解期」是指完全與母親分離前的一段過渡期，這時期的小孩會一下子需要媽媽、一下子又想離開媽媽，不斷重複這些舉動。但是製造出「媽媽男孩」和「媽媽女孩」的母親可能因爲自己內心的衝突而無法在這時好好照顧孩子，或是在這時因爲太過黏著孩子而使其無法獨立，又或是因爲自己的情緒而使得對孩子的忽略及關愛反覆無常。這些都會造成孩子缺乏安全感，最後導致孩子片刻都離不開母親。

另一方面，有些母親雖然曾經受過教育，但因爲早年的環境不利於女性踏入社會工作，所以有的人一開始就沒有工作過，或是因爲懷孕而必須離開職場。她們爲了家人及子女放棄自己原有的遠大夢想，在放棄重要的夢想之後，她們希望能爲此得到代價，而子女的成功正是她們期待的代價。

現在她們四處奔波，想藉由子女的成就來證明自己的成功。她們不考慮子女的特質及需求，無論如何都要想盡辦法將孩子送進大學，當一名成功的母親。

她們要求孩子的成績優異、表現傑出，而且告訴孩子照著媽媽的話去做就能成功。孩子認爲只要聽媽媽的話拿到好成績，就能讓媽媽高興，漸漸地孩子就會失去思考及做決定的能力。等到長大後，孩子會變成無法離開媽媽，也無法眞正長大成人。孩子同時這麼說：

「我有個強迫觀念，要求自己務必做到別人所做不到的事。但我不知道，這到底是不是爲我好。」

最近出現一個「直升機母親」的名詞。所謂「直升機母親」，是指像直升機一樣在學校周圍打轉的母親，她們爲了孩子而插手干涉學校裡的每一件事，包括從孩子的習題到午餐的菜單。不僅如此，爲孩子費盡心思、積極活躍的她們最後連子女的就業及職場生活都要干涉。

舉例來說，她們認爲「女兒沒有社會經驗，我去會比較好」，所以代替女兒去參加就業博覽會；她們會打電話給公司徵才的負責人，說自己比兒子還了解兒子的優點，所以想跟負責人關說能不能由自己代替兒子去面試。也有父母會要求女兒的主管幫女兒調去其他單位，或是每天叫兒子上、下班。不只是這樣，他們甚至擔心子女結婚後會吃苦，所以發生問題時會告訴子女說：「忍什麼忍？你哪一點不好？絕對不要忍！」然後勸子女離婚。

也因此那些過於依賴、無法獨立、抗壓性低、失去人生目標的「袋鼠族（譯註：『袋鼠族』是韓國社會通稱已屆應獨立年紀卻未就業，或是雖已就業但在經濟上仍須依賴父母的20～30歲世代年輕人）」，當然大部分也都屬於這一類的「媽媽男孩」及「媽媽女孩」。

「我的想法對嗎？」

「媽媽男孩」及「媽媽女孩」通常對自己的想法或感覺缺乏自信。比如說小時候看到花，他們就會問媽媽「花很漂亮吧？」一定要得到媽媽的同意才行，因爲他們需要旁人的確認才能安心。還有在看連續劇時，裡面的主角明明很相愛，他們還是要再問旁邊的人一次，幾乎完全不相信自己的感覺。

他們對自己的決定也常半信半疑。小時候考完試時，如果媽媽還沒有確認自己寫的答案是對還是錯，他們心中就會忐忑不安，還有如果寫錯而被媽媽責罵時，他們更是慌張得不知如何是好。同樣地，即使是長大以後，他們在職場上還是很難獨自下決定，因爲凡事都需要媽媽蓋上「嗯，這樣才對」的圖章，在沒有媽媽陪伴的情況下，剛踏入社會的他們害怕碰到必須自行承擔責任的事。

為什麼他們在母親的懷裡感覺不到幸福？

「我想殺了媽媽！」

曾經有一名29歲的女子來找我，對我說了這句話。她說這句話時全身發抖，表情十分痛苦。她不明白為什麼會對深愛她的母親產生這種念頭，一邊講還一邊落淚。

或許她認為自己的存在可以讓媽媽感到安心和幸福，而她的媽媽也相信女兒還無法單獨做出重要決定，而且常會需要媽媽提供支援和幫助。她們像是彼此最要好的朋友，母女兩人的事相互糾結關聯，無論在身體上還是心理上都沒有絲毫祕密。表面上看起來好像兩人互相關心，但其實她們關心的卻是自己，她們對於脫離對方獨自生活一事感到害怕。

媽媽女孩和媽媽男孩雖然依賴父母，但同時也對父母妨礙自己的獨立而感到強烈憤怒，因為保有「自主性」是人類天生的本能。我們出生後最先學會表達的不是叫「媽媽」，而是說「不要（No）」。即使是剛出生的嬰兒，當他不想喝奶時就會將奶吐出來，然後緊閉著嘴或是搖頭來表示；還有當他不想睡覺時，怎麼哄騙也沒有用。對人類而言，自主性是一種基本需求，也是主張發展自我、擴大自我領域的動力。

但是當自主性受到侵害時，孩子會產生無法獨立生活的自卑感，進而陷入對父母愛恨交錯的兩極情緒之中。由於這種兩極情緒在孩子心中不斷碰撞交戰，導致孩子經常處於緊張的狀態。如今孩子對於造成他動彈不得的父母充滿怨恨及依賴，兩者間的矛盾令他感到痛苦。當憤怒升高到某個程度時，孩子就會像前面提到的個案一樣，產生一股想要殺掉父母的衝動。

也就是說，媽媽女孩及媽媽男孩不僅失去了自主性，對父母的兩種極端情感也消耗他們過多的精力，進而剝奪了他們追求幸福或成熟自主的餘力。所以當他們和父母在一起時，也無法眞的幸福。

對於這些無法脫離母親獨立、在母親掌控中感到矛盾的人，當問起他們無法離開父母的原因時，多半會回答是爲了孝順父母。但是怎麼能違背父母的意思呢？放棄青春與夢想，讓母親一直守護著自己，這樣並非孝道，而且也不能假裝不懂。所以我想這麼說：

「世界上所有的母親都是爲子女而活，有哪個母親不是這樣？母親並不是單方面爲你犧牲付出，你的出生和平安長大也爲她帶來世間最珍貴的喜悅及幸福。媽媽一邊養育你，一邊希望你能幸福，所以最好的孝順方式就是讓母親看到自己過得幸福。此外還要盡己之力照顧母親，對母親心懷感恩，並將母親給自己的愛傳承給子女，這樣才是孝道。」

媽媽女孩及媽媽男孩們，我們都是借著母親的身體來到這個世界，但卻也是具有不同靈魂的獨立個體，所以要珍惜與父母的緣分，對爲自己而犧牲的父母抱持感恩的態度，然後獨立成人，過著幸福的生活，這樣才是眞正的孝順。

能力強的人常有的盲點

30歲的未婚上班族女性盈美既漂亮又聰明，但是她過得並不幸福，經常覺得寂寞，而且不知從何時開始，這種寂寞已經擴大爲強烈的不安。

我還記得她第一次來找我的那天，她條理井然地述說自己的故事，沒有絲毫語塞。她在職場上的表現相當出色，心思縝密、做事又俐落，深得身邊同事及上司的信任，而且隨時都有競爭同行在向她招手。她還告訴我說自己是個原則主義者，會把私事與工作徹底切割，同時說明她是如何嚴格地管理其他職員。聽完後也覺得她的確足以讓所有人害怕。下屬遲到或犯錯時，辦公室的氣氛立刻像結凍一樣冰冷。甚至平常認眞的員工因爲突然的家庭不和而工作表現不佳時，她也會認爲那是私事，完全不體諒他。大家私底下這樣形容盈美，說她是「沒血沒淚的人」。

但是表現傑出的盈美最近並沒有被列入晉升名單，這對她來說簡直有如青天霹靂。她不明白，爲何成績不如自己的男同事都升遷了，自己卻沒有升遷。更讓她無法忍受的是周遭人的反應。她已經努力裝作若無其事，他們在經過她身邊時仍投以異樣眼光，彷彿在表達「我了解妳的心情」，根本就不熟的人爲何如此令人作嘔。她心想，寧可他們說「平常裝得很了不起，活該！」這樣反而比較不會讓她難堪。

不過盈美在講這些煩心的事時，臉上卻看不出任何痛苦的樣子。換成別人，中間可能因爲心情激動而要深呼吸好幾次，但是她卻沒有任何變化。這時痛苦的人反而是身爲治療者的我了。我感覺在不輕易表現情緒的她和我之間存在一道無形的玻璃牆，讓我很難再集中精神面談，甚至開始打起瞌睡。

爲什麼會這樣？在經過幾次面談之後我才領悟到，原來與她的談話並無法引起我的充分「共鳴」。有些故事——例如小時候媽媽常常很忙，所以老是嫌盈美煩人；或是嚴肅而令人生畏的爸爸竟然因爲她沒照顧弟弟跑出去玩，就把她鎖在黑暗的小房間裡等等，如果是別人提起時，一定會強調有多孤單、多恐怖，很奇怪的是，當盈美提及時，卻像是乾冰蒸發在空氣中一樣平淡無奇。她說話的方式完全阻礙了對方的共鳴。

心理治療的面談基礎要從共鳴開始，如果引不起共鳴，面談就無法順利進行。爲何她連我的共鳴都要防備？爲何她要在我和她之間架起一道無形的玻璃牆？要找到答案並不容易。

過了幾個月後，我才知道原來她以前都不曾得到父母的共鳴。在她小的時候，沒有人試著告訴她，他們覺得她心情如何或是心裡在想什麼，甚至連關心都沒有，父母只希望盈美能照著他們的話去做。因爲不曾得到共鳴，所以無法發展出對他人共鳴的能力，這是理所當然的。

與她面談時，我所感覺到的情緒就是枯燥無趣、空虛、有玻璃牆橫亙在中間等等。當我了解到，這些情緒正是她從世界及他人所感受到的情緒時，我終於比以前更能專注在她的談話之中。

人類獨有的特別能力——共鳴

解讀他人心理並產生共鳴是人類獨有的能力，這與哺乳類動物中只有人類是躺直睡覺的特徵有關。小嬰兒直躺時可以與母親的眼睛相對，而且以這種方式吃奶或撒嬌，也就是說從嬰兒出生後開始，他就以這種方式與母親做情感交流，這種交流對孩子日後的腦部及情緒發展有著重要的影響。

人類的腦部藉由依戀與愛而成熟。湯瑪斯．路易斯在《愛在大腦深處（A General Theory of Love）》一書中提到，兩人間的依戀與愛會在腦部的邊緣系統引起共鳴，使神經形成調節，然後再修正邊緣系統，藉此促進腦部成熟。所以缺乏與母親情感交流的孩子便無法如一般人成長。

不過在這裡有必要區分「同情心（sympathy）」和「同理心（empathy）」的差別。「同情心」是指能感受對方的心情，例如當對方悲傷時，我也同樣感到悲傷而落淚，這就是同情。不過「同理心」卻不僅止於此，在深入了解對方的痛苦後，還要再進一步回歸到自身，思考如何幫助對方，這才是同理心。從這點來看，同理心可說是比同情心更爲成熟的精神機能，因爲它需要健康的自我力量，既能將對方視爲與自己分離的獨立個體，同時在暫時感受對方的心情後，也還依然能保有自我。

但是自我界線較脆弱的人在碰到應該產生同理心時，有可能因爲完全融入對方的感覺，而無法進一步產生同理心。至於缺乏同理能力的人，則是自己阻斷了理解他人的機會，無法接受對方的感覺。

盈美的情形也一樣。對她而言，情感是屬於幼稚、低俗的領域，所以從很早以前就不重視與他人的情感交流。以成就爲導向的結果，爲她帶來了在校的好成績及職場上的成功，不過她心中卻有說不出的苦悶。雖然她對身邊的人一向謹守禮節，可是卻沒有半個能與她聊心事的朋友。她的生活過得空虛且毫無意義，人生就像失去生動的感覺般乏味。我告訴她說：

「妳好像擔心在情感上與我交流之後，我會因爲了解妳而對妳感到失望，然後離開妳；或是擔心我會隨意操控妳的想法，所以乾脆封閉自己所有的感情。」

聽完後，她才開始一點一滴開啓原本緊閉的心靈。

一個幸福成年人所應具備的基本能力

現代社會具有極端的個人主義及利己性格，連帶地也使現代人缺乏同理心（empathy）。因爲習慣單向的溝通方式，人們變得只想單向傳遞自己的想法，絲毫不考慮對方的感受或立場。

然而對他人產生同理心是當一名幸福成年人所應具備的能力。要先能去理解他人，才有可能接受其他不同個體的多元性，進而學習眞正的生活方式。此外，當對方與你立場不同卻能與你產生共鳴、了解你時，你會對他產生一種很強的信任與感激，之後彼此都能互爲對方著想。不過最重要的是身邊多一位與自己互相了解的人，這不就是件令人感到快樂的事嗎？

今天品嚐榛果香咖啡的同時，突然想起，
如果有個人，可以讓我敞開緊閉的心靈、吐露深藏的心聲，
那該有多好?!
聽到我說寂寞的過去，就會陪在我身邊的人；
聽到我說離別，就會用露珠盈眶的雙眼望著我的人；
聽到我說夢想，就會跟著沉浸在幸福中的人。

雖然已經厭倦在險惡世間裡浮沉的生活，
但是只要有個了解我的人，
偶爾可以在一杯茶的悠閒中分享心中的感傷，
即使沒有牢固的因緣聯繫，
即使沒有定型的關係框架，
但在茶杯即將冷卻的片刻，那個能向我傳遞人間溫暖的人，
今天的我，聞著滿室的榛果香，
突然懷念起這樣的人。

——裴恩美（Bae Un-Mi音譯）《只要一個了解我的人》

小心「受害症候群」

故事一

有一天，一位教師朋友對我發牢騷：

「最近在學校如果有什麼事要叫學生去做，你知道學生最常回答的話是什麼嗎？『爲什麼找我？』現在我只要聽到這句話，就覺得快發瘋。」

「爲什麼找我？」這句話就等於在問「爲什麼叫我去做？那又不關我的事，爲什麼其他人就不用做？」

聽完朋友的抱怨後，我想起之前看過的一篇新聞報導。依照柏拉圖的80／20法則，會有20％的人做80％的事。可是當問到職場人時，卻有70％的人回答認爲自己做的事比別人還多。從這裡可以看出，有不少人都帶有一種覺得自己蒙受損失的受害者意識。

爲什麼他們會如此排斥犧牲？現代社會的型態是以個人爲主，在殘酷的競爭中，每個人都要靠自己的力量去獲取成功。當一個人失去價值時，在社會上很快就會變成遭棄置的消耗品一樣。在這種情況下，大多數人都會認爲替自己爭取最大利益遠比爲社會犧牲來得重要，所以爲他人犧牲儼然像是傻瓜才會做的事。

另一方面，早期的社會人們移動次數少，在一個地方住久了會特別注重共同體意識，如果有人對社會有所付出，即使眼前吃虧，但總有一天會得到社會的稱許及回報。所以這種不會推託事情的人，最後多半會成爲集團中的重要人物。因此從長期來看，「犧牲」絕非賠本生意。

然而在人們移動頻繁、相聚時間短暫的現代社會裡，一旦面臨犧牲與損失，就幾乎沒什麼機會能再獲得回報。因爲大家害怕吃虧，所以都伸長了觸角，嘴裡還同時問著「爲什麼要找我？」……

故事二

最近的電影眞是體貼。賣座好的電影大多會有續集，好向觀眾交代主角非這樣做不可的原因，不會只是將內容交由觀眾去想像。從「星際大戰」到「蝙蝠俠」，還有前陣子的「人魔崛起」，故事情節都不是順著主角的未來演出，而是採用倒敘的方式，讓觀眾邊看邊點頭：

「啊，原來是有原因的呀。」

這句話彷彿在說如果是因爲這個理由，那主角所做的事就可以原諒。

「沉默的羔羊」電影裡有個吃人肉的精神科醫師漢尼拔·萊克特，大家都對他令人難以理解的殘忍舉動感到訝異。但是在「人魔崛起」電影中卻親切地交代了他不得不如此的原因。

漢尼拔小時候在戰場上失去了親人，他不僅親眼看到連僅存的妹妹都被飢餓的俄國軍人抓去吃，甚至還被迫喝下妹妹被煮成的湯。漢尼拔對抓妹妹的俄國軍人充滿憎恨及復仇心，於是便將他們一個個抓來吃掉。

不過絕不能因爲這個理由，就認爲應該諒解他現在吃人的舉動。因爲此時的他已經是個成年人，他有責任要克制自己，好讓過去所受的傷害不會爲他帶來致命的負面影響。

受害者症候群所具有的特徵

「因爲以前受過傷害，現在才會變成這樣。所以你應該要諒解我、順著我的心意才對。」

這種心理，我們稱之爲「受害者症候群」。爲什麼許多現代人都染上了受害者症候群？喜劇節目裡曾經流行過一句話，用那句話來形容正好非常貼切。

「滿足你的欲望！」

在以前，光聽到「欲望」這兩個字就會令人臉紅心跳，不過現代社會已經不同了，欲望不再是件必須隱藏或是值得害羞的事，反而被認爲應該要直接表達或是積極追求滿足。如今，勇於表達、追求欲望的人反而被形容成坦率、具有能力的人。

這種改變，可以從近來心理學理論被任意擴大應用日益嚴重的情況中找到原因。尤其在最近的許多小說及論文當中，常見到作者借用表相的心理學理論來剖析自己的內心，也因此導致其他人對心理治療產生了不少誤解。

比方說，大家相信「自由表達情緒是身體健康所必須的」就是一個例子。在各種心理類書籍中陸續出現「想生氣時就要生氣」、「千萬不要隱藏內心的情緒」等論調，將坦白表達自己情緒當成一件非常健康的事。

不過心理分析中所謂「自我（ego）建立在原來的本我（id）之上」，指的是不要對自我隱藏本能的欲望或情緒，而不是指要將它們全部表達出來。如果我們不將內心的欲望或情緒加以過濾，放任它們表現在外，最後大家都會變成可怕的怪物。所以辯稱「我是不得已的」，然後要求大家「應該順著我的心意」，這種想法其實就跟暴力沒兩樣。

儘管如此，患有受害者症候群的人依然覺得自己是個受害者，因爲他們深信自我在過去曾經受到傷害或是壓抑，所以他們可以任意要求。他們總認爲「我在過去經歷許多痛苦，我是個受害者，所以這樣做是理所當然，你們應該要了解、包容我，而且過去我不曾得到的愛，你們也應該給我。」

二〇〇七年在韓國頗受歡迎的連續劇——「我男人的女人」中的女主角華英就是這樣。整形外科醫師華英與好友智秀的丈夫陷入熱戀，忠於自身欲望的華英最後搶走了智秀的丈夫，將他變成自己的男人。當智秀哭喊著：「你們怎麼可以這樣對我？跟禽獸一樣」時，華英卻泰然自若地回答：「是啊，我們是禽獸，是很幸福的禽獸。」

華英脫口而出的這番話，在過去根本是讓人不敢想像的。她之所以這樣，是因爲有一段痛苦的過去。當時她獨力負起夫家和娘家的所有家計，但在丈夫自殺後，卻還要背負著「搞外遇而害死丈夫的女人」罪名。

再加上她的母親只知道錢，即使女兒身陷困境，竟也毫不猶豫地罵女兒是蕩婦。也因此身爲受害者的她，會理直氣壯地對最好的朋友說：「是啊，我們是禽獸，是很幸福的禽獸。」

患有受害者症候群的人通常都會像華英一樣理直氣壯，這種理直氣壯甚至帶有相當程度的特權意識。不管是誰，一旦陷入受害者的思維，就會覺得自己比其他人特別。換句話說，他們會有「你們不懂得這種痛苦」的想法。也因此他們會不自覺地演出痛苦的情境，然後還會以忍受這種痛苦為樂。

如果不想染上受害者症候群

受害者症候群會在不知不覺中找上我們，如果不想沾染上它，切記以下三個要點：

第一，不管以前受過什麼樣的傷害，我們都要對自己現在的行為負責，也就是說不能將責任推卸給當初傷害過自己的人。孔枝泳（韓國作家）小說《我們的幸福時光》裡男主角尹修說過一句話，所謂負責，「不管原因是什麼，這代表承認那件事是我做的。」況且受困在過去的陰影裡，痛苦的也只是自己，搞不好帶給我傷害的人早就忘了這件事，現在還過得很幸福呢，一定的！

第二，就算自己是個無辜的受害者，這不代表傷害別人的行為就可以被原諒。做錯事本來就是不對，所以必須擺脫受害者的想法，對自己誠實。如果能承認自己內心住著一個惡魔的事實，你就能理解、包容他人的欲望，而且可以學到如何讓自己的欲望與他人的欲望相互調和，然後在彼此沒有衝突的情況下追求最大的滿足，一起共存。

第三，不顧自己的幸福，一心只想犧牲，這是種帶有自虐傾向的變態行為。但是如果堅持不吃虧、不肯犧牲，卻有可能失去人生重要的樂趣。

仔細想想，樂意付出時間與精力爲他人犧牲，這種事並非每個人都能做得到，只有充滿自信的人才有可能願意承擔損失。況且幫助他人、當個可以受人依靠的人，不也是世界上最珍貴的快樂之一。所以削弱或貶低犧牲的價値，其實也等於證明自己能力上的不足。

3

我真正想要的是什麼？

【工作與人際關係】

30歲在職場上感到痛苦的原因

今天的鬧鐘一樣喧天作響，彷彿不起床就會發生什麼大事一樣。他迷迷糊糊找到了鬧鐘，神經質地把它關掉。不一會兒，手機開始震動，音響也開始唱起了歌。

慶俊此時才吃力地張開眼睛。心裡想著「該起床了」，身體卻有如千百斤重，好像剛做完粗工一樣全身疲倦。要是能再睡個三十分鐘，不，十分鐘，那該有多好……一想到要去公司就覺得可怕，他把棉被從頭裹到腳，突然間想到那位常讓自己心寒，而且非常不想見到他的部長。

「吁～！」

慶俊成功地將自己的身體塞進爆滿的地下鐵車廂。看看手錶，他估計8點58分左右可以進公司。雖然不會遲到，但不知爲什麼，總覺得有一股悶氣即將發作。好不容易才找到這份工作，想起那段因爲失業而焦慮到想死的日子，現在實在不應該有這種想法……這樣不行，那樣也不行，他感覺自己就像掛在蜘蛛網上的昆蟲一樣，被細韌的蜘蛛網黏住，完全動彈不得，最後只能成爲蜘蛛的食物。

慶俊慌張打開辦公室的門，正準備要衝向自己的座位時，突然有人對著他大喊一聲「早！」

他覺得人們都太虛僞。看著臉上堆滿虛假笑容在向他打招呼的同事，他心裡很想問他們：「眞的有那麼高興嗎？」

有一份報告今天就得交出來，可是到現在都還沒準備好。兩眼盯著電腦螢幕看，想要加快速度，卻老是停留在同一行。這件計畫每天都被部長打回票，想到今天又要挨罵，忍不住嘆了一口氣。

一踏進公司就開始憂鬱的人

不知您是不是也跟慶俊一樣，是個一踏進公司就開始覺得憂鬱的30歲世代？當然沒有人會覺得上班有趣或是喜歡上班。尤其是現代社會裡，有越來越多的組織開始導入更激烈的競爭制度，再加上面臨退休年齡提前的不安，使得當今上班族的憂鬱程度越來越嚴重。可是30歲世代的憂鬱並沒有因此而受到重視，甚至還經常遭到忽略，被認爲是「在應該認眞工作的年紀無病呻吟」。難道眞的可以不把它當一回事嗎？

現在已經邁入了百萬名青年失業的時代。在職場上叫苦連天的我們，身邊卻有許多傷心的「李太白（譯註：與韓文『二泰白』同音，意指『20歲泰半爲白手』。韓文『白手』指失業者）」。根據《88萬元世代》一書的說法，韓國20歲世代的年輕人即使找到工作，大部分也都是非正職，且薪資多在88萬元左右（台幣約2萬4千元）。光從這個現象就可以推敲出30歲世代就業的困難程度。

仔細想想，確實是如此。在九〇年代亞洲金融風暴發生以前，當時的社會新鮮人享受著比現在更富裕的物質生活，找工作也沒有什麼太大的困難。而現在的30歲世代雖然小時候也是經濟成長的受益者，而且同樣在富裕的環境中成長，但在他們大學時期前後剛好碰上金融風暴，所以增加他們就業上的困難及不穩定。也因此當他們從20歲跨入30歲時，不管是在經濟上或精神上，都比其他年代的年輕人更爲焦慮。

即使經歷一番曲折後幸運找到工作，還是無法令他們感到心安。就算沒有明確的目標，大家還是一窩蜂跑去進修，想藉此消除心中的不安。最近出現一個新名詞叫「Salardent（salarymen+student）」，指的就是那些利用清早或午休時間去學習英文會話、下班後又跑去上些自我發展課程的上班族。他們不斷努力想取得證照，或是乾脆準備專業考試。當然，這些可以視爲讓自己成長的正面努力，但問題就在於對大部分30歲世代的人來說，這是一種不得不的選擇。

如果做那些事只是因爲受制於某種強迫症，或者只是爲了不想被淘汰，而非出自於想追求成功的意志，那就很難從工作及生活中找到樂趣。

這種後遺症通常會發生在所謂的「Gallery」身上，這個詞原本是指高爾夫球場上的觀眾，在此被用來比喻對職場上所有工作保持觀望態度的職場人，他們在職場上就好像在觀看高爾夫球賽一樣。

這些人可能曾經目睹表現傑出的上司因爲選錯邊而被逼退，也可能碰到過某一天隔壁辦公桌突然消失的情況，所以他們最大的心願就是低調而長久地待在職場上，不會想要強調自我。他們也不會爲了把工作做好而花費更多心思，只會將自己份內的事做好，然後觀察世態的趨勢，隨之浮沉。

最近流行的「岩盤水族」一詞也是源自於類似的背景，指的是職場上毫不起眼、安靜沉默的人。

或許這種變化是他們的苦肉計，目的是爲了在冷漠而充滿不確定性的現實中過著他們「低調而長久」的職場生活。但是當這種類型的生活不斷持續時，他們將無法從工作中得到樂趣，抗壓性也會一天比一天差，最後終於感染慢性憂鬱。

所以有不少上班族得到一種「微笑面具症候群」。這是指上班族爲了擁有良好的人際關係，他們不斷提醒自己要面帶笑容，但是表面上雖然帶著微笑，內心卻更加憂鬱。這種人通常不太懂得如何拒絕別人，所以當碰到必須說「不」的情況時，他們總希望有人站出來替他扮黑臉。如果非要他自己站出來不可，他們也會在開口前先觀察對方的反應，再用聽起來不像是拒絕的口氣說話，最後還會露出一個笑容。不過他們內心其實很討厭自己這種僞善的模樣。

有這種症狀的人，最危險的地方就在於他們沒有發覺到自己已經陷入憂鬱的事實。他們只會經常喊著失眠或全身痠痛，然後怪自己對每件事情太過鑽牛角尖。

所以從另一個角度來看，「從小衣食無缺的你們，到底懂不懂人生呢？」在過去，只要努力向前，財富與成功就會隨之而來，但現在不同了，30歲世代還必須先找到財富和成功的方向才行。也難怪他們會自嘲地問著：

「我們眞的是富裕的一代嗎？」

30歲世代碰到的另一個難題

30歲世代還有一個與上個世代明顯不同的特徵，那就是他們習慣獨自工作、獨自玩樂。以前筆者在醫院工作時，經常忙得不可開交，但還是會抽空去找藥局的朋友聊天，不然就是一起彈吉他唱歌，或是打打電動玩具，藉此紓解工作壓力。不過近來很少看到這種景象，一進到藥局，大家不是忙著打電腦，就是盯著手機瞧，全都在忙著自己的事。

但職場是個團體社會，而且是個集合許多不同世代、大家追求各自利益的利益團體，其中難免存在不同世代間的價值觀及生活方式衝突。在舊世代眼中，毫無疑問新世代只重視個人而且比較自私；在新世代的眼裡，則感覺舊世代一直想要干涉自己的私生活。

此外職場是個按照一定規則運作的團體，公司既然支付金錢換取成員的時間及工作能力，當然也要對成員加以控制。30歲世代的人從小被母親拉著手四處上補習班，原本就一直生活在令人窒息的控制之中，所以對自我領域受到侵犯一事懷著高度警戒。也因此有不少人將職場上的命令體系看成是控制與服從的關係，最後終於導致無法忍受，而且難以適應。

30歲世代最大的問題還是在於他們禁不起責備。他們從小在父母的呵護下長大，只要成績好，即使犯錯也都能得到原諒，所以對他人的責罵非常敏感。就算只是向他們問話釐清責任，他們也會把它當成是責備，並爲此感到受挫。當這種情況惡化時，不管職場的環境好或壞，他們都會產生一種勉強撐下去的愧疚感及無力感，然後陷入更深的憂鬱困擾。

「夾心餅世代」的壓力

30歲碰到的問題豈只是如此？他們在職場上的定位也被認爲是「模糊不清」或「不上不下」。這個年紀通常剛升上課長或經理，感覺上比稚嫩的20歲年輕人來得老練，但力量卻比年約30歲後半已經具有決定權的上司來得薄弱許多，所以他們對下要帶領經驗及技術不足的新員工，對上還要輔助掌握經營權的管理階層，讓身處中間位置的他們面臨極大的壓力。

有研究報告提到了這種「夾心餅世代」無法言喻的壓力。一篇在英國所進行的職級與壓力間的關聯性研究報告指出，壓力最大的職級並非具有決定權及必須擔負責任的最高管理職，而是實務工作量最多卻沒有決定權的中間職級，而剛爬上這個職位的人不正是30歲左右嗎？工作量大卻沒有實權，上面的人叫他做什麼就做什麼，叫他不要做他就不能做……

30歲是注定要吃苦的階段，也許是因爲如此，所以在即將邁入30歲時會特別感到憂慮。要不要繼續待在這個公司？要在此時異動嗎？換了公司以後，萬一後悔的話該怎麼辦？30歲的人總是懷著一股不安，覺得不能再虛度光陰，這也讓今日的他們顯得更沉重。

彼得．杜拉克被稱爲當代管理學及社會學大師，他最爲人所樂道的就是到了95歲的高齡仍然繼續發表著述，而影響他的卻是威爾第的歌劇作品。杜拉克在18歲時看過威爾第創作的歌劇，當時受到很大的衝擊，因爲他知道那部歌劇是威爾第在80歲時所作的，而且之後他仍繼續努力創作更完美的作品。彼得．杜拉克清楚記得當時心中的震撼，所以不斷鞭策自己追求完美。他知道在往後的日子裡，完美會距離自己越來越遠，但是追求完美的熱情卻成爲他創造偉大成就的原動力。

不只是彼得．杜拉克，許多成功人士都是在追求完美的同時，爲後世留下了輝煌耀眼的成就。所以追求完美的熱情確實是引導人們前進的原動力。

但是「追求完美」與「對成果感到滿意」是不同的兩件事。美國康乃爾大學的一個研究小組曾經注意過奧運比賽中得獎選手的表情，他們發現一件有趣的事，那就是得到銅牌的選手表情看起來比銀牌選手更爲滿足。銅牌選手經過一番激戰之後，差點就上不了頒獎台、要空手而返，但是銀牌選手卻自認實力不輸金牌選手，自己只是無辜地錯過勝利女神的青睞，才會得到第二名，也因此銀牌選手的滿足度會比銅牌選手來得低。其實這種現象在韓國選手身上更明顯，獲得銀牌的選手當中，十之八九都是表情嚴肅。

有一種情況與上述銅牌選手滿足度高於銀牌選手的例子略微不同，那就是有的人只要在30個人當中得到第十名就會感到滿足，但是有的人就算拿到第一名，也一樣不會滿意，這些人過於要求完美，以至於無法對自己感到滿意，當然也就不會覺得快樂。

永載就是這樣的人。他今年32歲，到目前爲止沒有人說他不好，事實上他的才華並不輸給任何人。自一流大學畢業後在美國拿到碩士學位，現在服務於一家外商金融公司，能力也備受肯定。他的外表出眾，就跟他的履歷一樣漂亮。唯一可惜的就是在他臉上幾乎看不到任何笑容，他總是表情嚴肅地專心工作。周遭同事非常佩服他的衝勁和細心，但也有些人因爲他「太過完美」而對他產生莫名的反感。然而眞正的永載卻從來沒有對自己滿意過，而且一直感覺缺少了什麼。只要有輕微的過錯，他就會自責「我怎麼連這點小事都做不好」，然後爲此耿耿於懷。

不久前，永載花費許多心血準備的計畫大獲成功，公司爲此頒給他獎金和特休，同事也都向他道賀。然而喜悅只是短暫的，當他隔天利用難得的休假多睡一會兒時，醒來卻突然變得心情沉重，他覺得昨天的成功根本不算什麼，也爲自己竟因此而睡過頭感到心寒。由此可見，如果對自己過度要求完美，就有可能失去感受喜悅的能力，結果明明是可以讓自己開心的時刻，卻還在繼續嚴格地鞭策自己。

仔細檢視自我理想是否過高

那些即使成功也無法滿足的人，多半有很高的自我期許。所以當自己現在寒酸的模樣與理想中的自我形象差距過遠時，就會因此感到自卑及羞恥。

永載也一樣，不管自己多麼努力，總是無法達到父親的要求。在父親眼中，永載是一個不成材的小孩。父親具有強烈的成功欲望，卻因為家裡貧窮而無法如願，所以寄望聰明的兒子能幫他完成夢想。從小他就要求永載用功念書，即使永載交出一張全校第一名的成績單，他還是一樣必須看父親的臉色。

「在家裡附近的學校拿第一名有什麼用？要看全國的排名才行。你每天坐在那裡，嘴裡說是在念書，到底都在幹什麼？」

這種結果讓永載即使拿到第一名，也不覺得開心，甚至還會痛苦的自責，不知自己何時才能符合父親的期望。但是朋友們實在無法理解，永載為什麼會那麼自卑。在職場上也是一樣，有些事情換作別人，老早就興奮得蹦蹦跳跳，他卻覺得沒什麼好高興，所以身邊的人當然會覺得他是個「乏味無趣的人」。

有可能是因為「成功強迫症」

筆者曾在住院醫生教育機構擔任過分科主任，當時底下帶的住院醫生大概有六、七人，加上護士及看護總共有十五人左右。每天早上開分科會議時，大家都會起立迎接我，等我就座後才會坐下，而且我的指示通常就是分科會議的結論。

「在這麼小的組織當老闆，就已經感覺飄飄然了，要是當上總統，當然更不可能放棄權力。」

當時我對阿德勒（Alfred Adler）所說「求權意志（Will to power）」是人類本能的這番話有著相當深刻的共鳴。

不過在現代社會裡，只有勝者才能享有權力，也只有勝者才會被視爲成功。十九世紀以前，「成功」兩個字帶有超越前人、爲後代準備而努力的意味，同時也具有爲他人的平安及福祉而付出的道德意義。但是到了今日，成功的目的變成只是爲了個人，大家想藉由打敗競爭者來誇耀自己的能力，相對地也使「不成功」的人被看成是沒有能力、努力不足的人生失敗者。最近的年輕人之所以爲了成功不擇手段，或許就是因爲害怕成爲人生的失敗者吧。

對失敗的恐懼，導致產生對成功的強迫症。當程度嚴重時，就會誤以爲人生就是必須透過競爭才能成爲王者，而且要踩著別人往上爬，才能在人生中得到眞正的成功。在以醫界爲背景的連續劇「白色巨塔」（南韓版）中，張俊赫的岳父曾用以下這段話來形容現實：

「知道誰會在酒杯裡下毒有什麼用？在這個世界強者不一定能生存，但生存下來的一定是強者。仔細想想，不管是你或是我，都一樣費盡心思，努力不被擊倒。」

那些爲生存而下定決心追求成功的人，在尚未到達顚峰之前，是不可能滿足現況的，所以他們也不會允許自己因爲小小的成功而感到高興。

不知足的人需要什麼

人，不可能十全十美。人之所以爲人，正因爲本身的不完美。一般人會因爲小事而高興、會溫暖地迎接他人、會相互彌補彼此的不足、會原諒各自的缺點、微笑帶過。但是一個自我理想過高具有成功強迫症而不懂得知足的人，他們就無法過得「像常人一樣」。

電影「料理絕配」中的主角凱特是一家知名餐廳的主廚，她每天指揮多名廚師，努力做出絕佳的料理。即使是在與同事吃午餐的同時，她也都認眞看著食譜研究，而且從不認爲自己有什麼問題。

有一天來了一名叫尼克的新廚師，他竟然開始攪亂她的生活。尼克喜歡一邊工作一邊聽歌劇，還常會逗同事開心。在生活與料理中追求自然的尼克懂得如何享受工作，很快就成了廚房裡的焦點人物。有一次凱特突然發現，當她走進廚房時，大家的笑聲就會停止，工作氣氛也開始變得緊張。最後凱特受到尼克的影響，終於找回與身邊的人一起生活、一起工作的樂趣。

如果你也像凱特一樣對自我要求完美，請再好好思考一下：你追求的完美到底是什麼？而這個「完美」，是否就是父母經常責怪你達不到他們要求的那一部分。

請切記，每個人從一開始就注定不可能完美。人類最美的一刻，就是在他發揮「人性」的時候，所以當你得到一些小小的成就時，就讓自己盡情地享受喜悅吧。這些點點滴滴的喜悅能讓你變得更積極，也能讓你發揮出潛力。

當你能夠拋開追求完美的強迫症、懂得享受知足的喜悅時，你一定會比以前更幸福，成功的腳步也會隨之而近。因爲成功的人不一定幸福，但幸福的人一定是成功的。

把人生當成功課的人

貞雅今天又是拖著全身疲累回家，一進門就癱軟下來。她接受男友的請託，剛去幫他換衣服回來，男友因爲太忙，只丟了一句「謝謝」，馬上又轉身回去辦公室。其實貞雅自己也很忙，但還是決定體諒男友，畢竟他才剛到新公司不久，難免要顧及其他人的眼光。

貞雅的綽號叫「天使」，職場上只要有人碰到困難，她就會挺身而出，對別人的要求從不拒絕。

筆者在電影「家族的誕生」中發現一個與貞雅類似的角色，那就是彩賢，她的情況與貞雅幾乎沒兩樣。如果有人說沒錢，她就立刻把自己的錢掏出來；如果有人說孤單，不管多晚，她都會立刻跑去陪對方喝酒。那這名女孩的男朋友感覺如何呢？他開始懷疑自己在她心目中的地位，有一天當她再度爲了別人的事而失約時，他忍不住生氣地對她說：

「我們分手吧！」

有一些人習慣把生活當成功課來做：像是有的人把世界上所有包袱都攬在自己身上，好像凡事非他不可；有的人則喜歡負責家裡或職場上難度高的工作；有人在談戀愛時完全聽從情人的要求，把情人的快樂當成自己的快樂；還有人只知道付出，卻從來不曾要求回報。對這些人來說，自己的感覺並不重要，因爲他們都是根據別人的需要來行動，並非依照自己的心情或判斷。與其堅持自己眼前的主張，他們寧可相信有朝一日別人會懂得自己的犧牲，所以才會自願擔負起吃力的工作。

很奇怪的是，儘管這些「天使」做的都是些辛苦的工作，但他們的努力並沒有得到應有的肯定與回報。爲什麼會這樣？難道身邊的人都只是些想利用天使的惡魔嗎？當然也許有些是，不過大部分的情況都是天使跳入自己所挖的墳地裡。他們潛意識中想利用犧牲來當作換取關愛的代價，並藉此證明自己的道德情操比對方優越，以爲這樣就能綁住對方。

其實這種想法通常都會原封不動地完整傳達給對方，所以對方不僅沒有對天使心懷感謝，甚至會爲此感到不舒服，使得彼此之間產生距離。

尤其是如果又像前面提到的貞雅一樣缺乏主見，當人們適應這種互動之後，還會覺得這樣做是應該的。因爲是天使，所以做那些事是理所當然，如果沒做反而令人覺得奇怪，甚至還會被責罵。所以當天使抱怨不公平時，人們都會用無所謂的表情說：「誰叫你做的？是你自己願意的啊！」

心理分析將這種天使派歸類爲「道德受虐狂（moral masochism）」。他們內心自我膨脹，總覺得凡事「非我不可」，卻又經常帶著強烈的自責，貞雅也是如此。

貞雅的母親是個冷漠的人。她嫌孩子吵鬧，所以從不抱他們，孩子身體不舒服時，她就會表現不耐煩。貞雅是大女兒，她爲了得到母親的注意，除了照顧兩個弟弟外，還認眞念書和幫忙做家事。但是無論她的成績有多好，或是幫忙做了多少家事，卻依然得不到母親的讚美。她對母親感到強烈的憤怒，同時也爲自己對母親生氣而感到自責，她覺得正因爲自己是個會對母親生氣的壞孩子，所以母親才不愛她。爲了洗刷心中的罪惡感，她決定要懲罰不聽話的自己。

不過在貞雅自虐的行爲背後，其實也隱藏著強烈的自戀。她潛意識裡想藉由自我犧牲來表現她在道德上超越母親，也希望藉此讓別人覺得需要她，並感受到她的重要性。

如果你在職場上經常負責吃重的工作，而且很難拒絕別人的要求，那就請你好好想一下，自己是否正在選擇用犧牲當成愛的交換條件。爲了得到關愛及肯定而犧牲自己，就好像把自己交出來一樣，也等於失去自我。如果眞是這樣，那你爲了換取別人的關愛，犧牲也未免太大了。因爲你除了失去自我之外，你也將失去喜歡你原來樣子的人可以眞正關心你的機會。還有在犧牲的過程中，你感受到的憤怒將遠比快樂來得多，最後終將陷入慢性的空虛及憂鬱之中。所以從明天開始，最好能停止那些無法眞正帶給你快樂的付出及犧牲。

為什麼我不放心把工作交給別人？

榮宇是一家小貿易公司的經理，今天他一樣又要加班到很晚。因爲他的緣故，連底下的員工也要跟著加班，大家的表情都顯得極不耐煩，榮宇自己也一樣，因爲現在已經晚上九點多了，手邊卻還有一堆公文等著要看，他終於忍不住爆發了。

「你們就不能認眞一點嗎？」

申課長忍不住回了他一句話：

「我們又怎麼了？」

「你們如果認眞一點，我還需要再看一次嗎？我也很想早一點下班！」

辦公室平時的氣氛就是這樣。榮宇不了解最近的年輕人爲什麼做事這麼馬虎，而且錯誤百出，如果不是他再確認一次，很多事早就搞砸了。所以他除了自己的工作外，連部屬的工作也要逐一確認。的確曾經有幾次被他找出重大的錯誤，但大部分都還是標錯行、打錯字、表達不通順等小問題。不只是工作，榮宇連辦公室裡的每個角落都要管。物品沒有歸位，毛巾掛歪了，或是看到別人的辦公桌凌亂，他都要唸上兩句。

在我們的工作場合中，也有像榮宇這樣的人。他們不相信其他人，每件事都要經過自己確認才會放心。因爲每件事都想管，所以心情一直無法放輕鬆，老是處在緊張狀態、四處奔波忙碌。即使把事情交給別人，他們還是希望能掌握事情進行的狀況和進度，所以總是把工作掛在心上。

有的人會認爲這種人是「不相信別人，只相信自己」，其實並非如此。因爲他們也不相信自己，所以工作效率很慢。細心雖然很好，可是如果只專注在小細節，就有可能會錯失大方向，而且這樣雖然看起來好像比別人認眞，但成果卻不盡理想。

凡事都要親自處理才會放心的人具有一項共通點，那就是有強迫症的傾向。他們對每件事都要反覆確認，過於重視細節，看到凌亂便無法忍受，你會看到他們經常在打掃整理，沒有一天是輕鬆的。

前面提到的榮宇會變成這樣，主要是因爲受到母親的影響。他的母親有潔癖，每天都在不停地擦拭打掃，對小孩也是如此要求。只要看到屋子裡有一點不乾淨，她就會痛罵孩子一頓；孩子寫的字沒有對齊，她就會要求重寫。榮宇對母親這種做法感到極度憤怒，但因爲從小受到母親嚴酷的訓練及強烈的禁止，讓他形成一個嚴謹且缺乏通融性的超我，而且過度強調良心，所以他無法容許自己對父母發怒，只好將這股憤怒壓抑在內心深處。

但是這股憤怒並不容易壓制，於是他爲了處理瀕臨爆發的怒氣，便發展出「抵消」的心理防衛機制。他盡可能控制這股想破壞的衝動，並抵消這種衝動所可能帶來的結果，所以會一再確認每件事，以免出錯。

榮宇對母親的感情夾雜著愛與恨，這導致他處於一種無奈的狀態，經常徘徊在兩種極端的情緒之間，並因此養成優柔寡斷的性格，無法明快做決定，所以處理事情的速度變得非常緩慢。

事必躬親而又不相信他人的人，心裡其實很孤單。他們不相信別人，每件事都要插手管，這種人有誰會喜歡？但是不相信別人，就好像走在隨時都有可能跌落的鋼索上一樣，因爲不知何時會掉下去，所以令人感到緊張不安。他們同時也失去體驗及享受這個世界的自由，因爲對他們來說，這個世界驚險萬分，經常要做好準備才行，更何況其他人都是些讓自己無法信任、亂七八糟的人。

如果你也是這種無法相信他人、凡事都要親自確認的人，而且經常爲此感到疲倦或憤怒，最好能夠仔細想一想：你是否相信自己，而別人又是否相信你？因爲「信任」需要彼此共同建立，如果你不信任別人，當然別人也就不可能信任你。

如果你相信自己是個善良的人，如果你認爲自己雖然也有可能犯錯，但一定有能力可以改正，而且確信自己對的時候比錯的時候多，那你就應該了解，別人其實也和你一樣。如果是這樣，你心中的不安和緊張就可以減緩一些，進而給自己多一點自由和空間。最後你會發現，這個世界並沒有你所想的那麼危險，即使踩空腳步，也不會完全掉下去，在大家的相互信任及扶持下，這個世界還是很美好的。這個世界的確是如此。

我在白白地浪費時間嗎？

K君從大學三年級起開始準備司法考試，畢業後也上了幾年補習班，但還是一再落榜。某年冬天，他心想這次眞的是最後一次了，不過仍是以失敗收場，所以他決定到一間沒沒無名的中小企業上班。雖然經過多次的考試挫敗，他還是能在工作中意外地找到樂趣，而且有不錯的表現，讓一起工作的上司們都對他感到相當滿意。

「像你這種人才，早就該來我們公司了。到底之前都在做什麼，爲什麼現在才來？」

K君在聽到這種讚美時，心裡總感到不舒服。年紀這麼大還只是個新進人員，難免會讓他覺得，在補習班的那幾年光陰是不是都白白浪費掉了。

「在二十幾歲的黃金歲月裡，我到底都在做些什麼？早知道一畢業就馬上去工作。如果當初這樣做，現在都已經工作好幾年了！」

K君把眼睛閉上，彷彿不願再回想。當時和女友分手也是在準備考試期間，女友一直勸他去找工作，他卻決意不肯放棄考試，這件事就成了他們分手的理由。如果當時一畢業就去找工作，搞不好現在已經和女友結婚了。

凡事都有最好的時機

對K君來說，準備考試的這六年，看起來好像是人生中應該刪除的一片空白，不過我卻不這麼想，因爲在這漫長的六年裡，他培養出高度的集中力及韌性，還有勤奮的習慣。此外屢敗屢戰的經驗也讓他產生不斷挑戰的勇氣，對任何事不再感到害怕，即使遭受挫敗，他也相信自己能夠再站起來。當然最大的收穫還是來自於他在準備考試時所吸收的許多知識，這些知識讓他的心靈更加充實。

K君的例子讓我想到一位在江南區經營大型醫院、發展不錯的大學同學。這名同學生長的環境很艱苦，他必須不斷靠打工賺取學費，才能順利從醫學院畢業。如今他在自己的專業領域獲得肯定，可是每當被問起醫院最近情況如何時，他就會重複相同的老話：沒有早一點開業，留在先前那家醫院領月薪，這些時間都白白浪費掉了，眞是可惜。每次聽到這番話，我就會告訴他：

「喂，你之所以到現在才開業，是因爲之前的準備還不夠，如果當時提早開業，恐怕沒那麼容易成功吧?!就是因爲待在先前那家醫院，你才可以不斷累積實力和經驗，同時建立起知名度。在那段期間，你也可以或多或少收集一些醫院管理的資訊，做好心理準備。還有，如果你提早五年開業，銀行有可能會借你這麼多錢嗎？它憑什麼相信你？所以別再認爲那段時間是白白浪費掉。」

我也有過離開職場、自行開業的經驗。八年前我還在一家國立精神醫院工作，在那裡總共待了十二年。當在同一個職場待超過十年，若說從沒想過要離開是騙人的，我也一樣。每當感到冤枉或是苦悶時，就會習慣性地自言自語：

「唉，乾脆離職算了。」

不過這句話只是因爲對工作、對別人，以及對自己感到失望，才會在受挫之餘像吐氣一樣脫口而出，內心並不是眞的想辭職。

可是不知從何時起，我心底開始有個聲音肯定地告訴自己，該是離開的時候了。我很容易對一成不變的生活感到厭倦，在當時雖然是醫生，但也因爲兼具公務員身分，所以必須花很多時間處理行政事務。另一方面，在面對病人時感到已有足夠的自信，而且開始受到大家的肯定及患者的信任，所以最後決定要離開那裡。當決定要離開時，我心中對這個付出自己全部青春的地方感到很不捨，同時體認到雖然曾對這裡小有抱怨，但在這裡卻學到很多東西，也成長很多。從這個角度來看，其實是我虧欠這個地方。因爲在這裡待了十二年，才會有今日的一切。

於是我抱著感恩的心情離開這個地方。雖然萬般不捨，但仔細想想，那就是最適當的時機。而我也領悟到任何事都有一個最適當的時機，只有在準備妥當之時，自己的內心才會決定開始行動。

不要害怕倦怠期

人們有時會擔心，繼續留在目前的職場是不是在浪費時間？心裡一邊想著「這個工作不適合我，一定還有其他更好的地方……」，一邊又會怪自己搖擺不定，徒增內心不安。

不過這些時間是不會白白浪費掉的。你的理性告訴你應該離開，但內心還是不斷有猶豫的聲音提醒自己：周遭的條件是不是不夠成熟？心裡是不是還沒做好準備？所以再一次傾聽心裡的聲音吧，現在應當做什麼，在你的心裡就有答案。

現代人大多無法忍受倦怠感，所以當在職場或婚姻生活中感到倦怠時，總會害怕是不是出了什麼問題。然而倦怠感是我們與生俱來的一項本質，對不斷重複的事物感到倦怠在所難免，但倦怠期並非一段虛度的時間，當你感到倦怠時，其實內心反而有許多工作正在積極進行，包括無意識地分析之前所累積的經驗，然後加以整合、消化。所以不要把它想成是在浪費時間而感到不安，也不要害怕倦怠期，好好地去享受這段過程吧。只要別讓倦怠感持續太久就好，將來你會發現，就是因爲有過那段時期，也才會有今天的你。

我為什麼不停地和別人比較？

每個人最不想聽到的話，就是別人拿自己去比較。如果媽媽責罵你說：「成績爲什麼這麼差？到底有沒有念書？」你聽了也許心裡會難過，但多少會覺得有些不好意思。可是如果媽媽說的是：「弟弟成績這麼好，你怎麼不如他？」你就不會覺得不好意思，相反地還會覺得自尊心受損、火冒三丈，甚至產生反抗的心理。每年兒童節問起小朋友對大人的期望時，第一名幾乎都是這件事：

「別再比較了！」

我們很不喜歡自己被別人比較，但我們卻又不斷地要跟別人比。比穿著、比車子、比學歷、比房子大小、比男朋友或女朋友的外表、收入，比到最後連手中那塊「蛋糕」的大小都要比。這種不停和別人比較的心理，多少是因爲希望自己能取得優勢的緣故吧。透過比較的方式來確認自己比別人更受喜愛、更受肯定，而且擁有比別人更多的權力。

這種比較的心理可說是種天性。在我們剛出生時，有一段時間只是個無法獨力做任何事的弱小嬰兒，相較之下，姊姊和哥哥不僅個子高大，而且能隨心所欲地行動，這點讓我們感到自卑，便因此產生一種嫉妒的心理。

追根究柢來說，我們出生後第一個碰到的競爭對手其實就是自己的兄弟姊妹。就算是排行老大，也不是沒有比較的對象，也許某一天就會突然出現一名弟弟或妹妹，把媽媽的懷抱及乳房搶走，還吸引全家人的關愛，這時候當然就會討厭這名弟弟或妹妹，否則該隱又怎麼會因爲妒忌弟弟亞伯而殺人呢？「比較」就從這裡開始，然後持續一輩子。

比較是人類的本能，這個看法也在心理實驗中獲得證實。荷蘭心理學家Diederik Stapel將大學生分組，然後分別拿不同的照片給被實驗者看，在這零點一一秒的短暫時間裡，被實驗者竟然在沒有人要求之下，不約而同地拿自己和照片中的人做比較。實驗的結果相當有趣，看到愛因斯坦照片的學生相較於看到演員照片的學生，大多覺得自己不夠聰明；而看到偶像明星照片的學生就比看到普通人照片的學生更認爲自己缺乏魅力。這項實驗告訴我們，我們的腦海裡無時無刻都在和他人比較。

到了30歲，比較的本能仍然持續著。通常過去所做的準備及努力，在這個年紀都可以看到一定的成果，此時也是即將邁向另一個階段的開始，所以競爭變得更加激烈。誰比較有能力，誰爬升得較快，誰的婚姻更幸福，誰能得到更多人的肯定等等……在這個年紀，更容易去比較或是被比較。

不過也有一種人，他們連芝麻小事都要跟別人比，而且每天都在比，這種人主要是因爲內心缺乏自信、過於自卑，所以要不斷和他人比較，藉由這種方式來確認自己的優點。他們可能因為解決不了兄弟間的衝突矛盾，所以碰到每件事，都會把其他人當成競爭對象。

這裡有必要說明一下，跟別人比較是多麼浪費時間的一件事。從短期來看，互相比較能帶動競爭的心理，讓自己更加振作，當然有其正面的意義。但是從長期來看，過度注重比較卻會讓人失去挑戰的精神，而且會剝奪體驗及學習新事物的樂趣。因為當你花太多心思去和別人比較時，你會急著想呈現最好的一面給別人看，所以專挑一些有自信、有把握的事去做，至於那些無法立即看到成效、需要花費更多努力的事，便不會想去嘗試。所以過度與他人比較容易使人生變得疲累，而且缺乏生產性。

每個人都有自己獨具的特色及優點，那是與生俱來的特質，不能拿來做比較。況且人生的目的並不是為了要贏過別人，而是為了要好好感受人生，享受人生，讓自己更幸福，所以在這個生來就注定要和別人比較的世界裡，請不要再額外養成比較的習慣吧！

「我愛我的工作，我喜歡從合約書裡找出錯誤後的那種滿足感，喜歡協商後腎上腺素釋出的亢奮，也喜歡在談判、辯論，以及會議室中一針見血時的快感。」

這是蘇菲・金索拉的作品《家事女神》中，主角莎曼珊所說的一段話。29歲的她是倫敦一家知名律師事務所裡的一流律師，在她安排的行程表上，全都是以「分鐘」爲單位，像是六分鐘以內做愛完畢，接著就要馬上去收電子郵件。像她這麼忙碌的人，幾乎不可能有片刻的休息。一般人可能無法理解爲什麼要選擇這種生活，但是她卻樂在其中。因爲她比任何人都愛自己的工作，而且很滿足於自己現在的生活。

莎曼珊是典型的工作狂，每天都待在辦公室裡加班到很晚。不僅如此，她還經常將工作帶回家，熬夜更是家常便飯，從沒想過工作以外的其他樂趣。爲了想要成功及受到肯定，她把自己的一切都投入在工作上。

但是有一天，莎曼珊犯了一個無法挽救的錯誤，因爲她忘記處理一件瑣細的業務，使得事務所的大客戶蒙受五千萬英鎊的損失。莎曼珊看到自己犯下如此重大的錯誤，不禁嚇得失魂落魄，而她要如何克服這次的危機呢？

30歲是段忙碌的時期，這時候首先面臨的就是結婚及生小孩兩件人生大事。在工作方面，不論從事什麼領域，這時的工作量會越來越多，而且還要努力追求升遷。我人生中最忙碌的時期也是在30歲左右。本以爲當上專科醫師之後，就可以解脫不必再念書，但是沒想到眞正成爲專科醫師以後，才眞的需要開始好好念書。當時除了幫病人看病外，還要指導實習醫生、參加學會活動，一有空檔就要寫論文，忙到完全沒有時間可以休息。每天哄完小孩睡覺都已經超過十一點，這時才能坐在書桌前開始念書，一直念到兩三點才上床睡覺。這種邊工作邊念書的緊張日子持續了一段時間，但我還是樂在其中。雖然沒有人要求我這麼做，可是忙碌的生活卻讓我體驗到身爲醫師及個人成長的充實，所以我的30歲可說是爲了當心理分析醫師的基礎加強時期。如果沒有當時的忙碌，恐怕也沒有今天的我。

儘管忙碌，但我並不是一個工作狂。工作狂指的是全心只想投入工作的人，這種人沉迷於工作中所得到的成就感，忽略身體健康的重要性，而且連休假的機會都放棄。有的工作狂因爲擔心結婚或戀愛會影響工作，所以一再延遲不談感情。他們覺得只有在工作時才像是眞正地活著，只有工作裡的成就感可以證明自己，一旦沒有工作，就會感到不安。到了最後，情況會演變成即使是去休假，滿腦子也都只想著工作上的事。

工作狂通常不認爲自己是工作狂，直到身體突然出現某些原因不明的症狀，或是和所愛的人關係生變，他們才會發現自己有問題，也就是說要等到生活因爲工作而變得筋疲力竭時，才會發現問題的存在。如果自己在現實中已經變成了工作狂，那麼在它毀掉正常生活之前，應該要如何自救呢？

第一，先訂出休假計畫

對每個生命體而言，休息都是必須的。如果只工作而不休息，不僅身體會感到疲倦，精神也會被累積的疲勞所耗盡，這時原本是平常可以處理挽回的錯誤，都會因爲疲倦而釀成大禍。《家事女神》中的莎曼珊必須逃離工作的理由，就是因爲她的判斷能力已經麻痺，在驚嚇之餘只好選擇離開。

小說中的莎曼珊在逃離原本的工作之後，反而因禍得福。她誤打誤撞來到鄉下的一間房子當管家，與自己平常所不屑的家務事搏鬥，過著和以往完全不同的生活。最後她與純樸的鄉下男子戀愛，一起尋找人生眞正的幸福。

當然現實中若要效法莎曼珊可能有些勉強，畢竟沒有多少人能夠一夕之間放棄投注許多心血的工作。更何況在需要賺錢維生的前提下，「工作狂」無法像戒酒一樣，說戒就戒。所以我對工作狂們提出以下的良心建議：

「疲倦的頭腦無法工作，疲倦時記得要再充電！」

工作狂若是聽到上面這句話，有可能會滿臉疑惑，然後心裡反問著：「誰不知道應該休息？都是因為情況不允許，才會變成這樣。」有時他們會辯解說：「不是我自己想休就能休。」有時則會說：「這次忙完後一定會好好休息。」但是很奇怪，每次手邊的工作一結束，就會有新的工作在等著他們。這種事，獨獨會發生在工作狂的身上。

偶爾允許自己放鬆一下吧。也許你會擔心自己在短暫放鬆後無法收心，針對這一點，你應該要相信自己才對。既然是工作狂，就算休息一段時間，也一定能很快再度投入工作。休假和工作一樣，都必須刻意製造機會，不能等著它自動上門，所以別再拿工作當藉口，先為自己訂出一套休假計畫吧。只有配合休假去調整行程，才能真正得到休息。

第二，為什麼沒有工作就沒有安全感？

工作狂在沒有工作時，就會覺得生活中好像缺少什麼，心裡也會感到空虛及不安。他們只有在工作時，才能感受到自己存在的價值，也只有從工作中得到的成就感，才能讓他們相信自己受到別人的肯定及欣賞。

進一步分析莎曼珊變成工作狂的原因，主要是因爲想得到母親的關心。她的母親也是一名律師，而且是比她還嚴重的工作狂。女兒生日晚宴當時，她雖然在僅有五分鐘距離遠的地方，卻還是忙到無法趕來幫她慶生。當莎曼珊向母親炫耀自己每個月工作兩百小時時，母親卻斥責她這樣哪比得上別人。這些事讓莎曼珊認爲想要得到母親的關心，唯一的方法就是贏過別人。其實她會變成管家，主要也是因爲她知道去面試時不可能會落選。

成爲工作狂的原因是爲了得到母親的關愛，這和其他類的中毒者自白內容幾乎完全相同。工作狂沉溺於工作時的感覺，其實就和酒精或藥物中毒者在酗酒或吸毒時的感覺一樣，他們都有種彷彿被母親擁在懷中待哺的感覺。而他們迷戀這種感覺的背後，隱藏的是擔心受到冷落及拋棄的憂慮和不安。

所以當莎曼珊犯下無可挽回的錯誤時，也等於宣告她將失去母親的愛，以及將遭到母親冷淡的對待。在巨大的現實面前，她就像是犯了大錯的小女孩，在可怕又冷酷的母親面前不停地發抖。

你是否也認爲，唯有工作上的成就才是獲取他人肯定及關心的唯一方法？如果是，那麼就算你拚命工作，也一樣無法感到心安。因爲你不能忍受工作上的任何小瑕疵，導致自己一直處於緊張狀態，最後終於變成「工作的奴隸」。

如果你覺得只有在工作上獲得成就，才能得到父母的關愛及肯定；如果你感到不安，擔心沒有成就將會被父母遺棄，那我想提醒一點：現在的你已經不再是個必須依賴父母的小孩了，一切的不安，只是因爲你心中那個受過傷的小孩害怕情況會再度重演。

現在的你已經是成年人，也是你人生的主人。你現在所得到的一切，全是靠自己的能力，所以好好地享受自己努力的成果吧。只要你懂得規劃何時工作、何時休息，你就能眞正地享受人生。

第三，不要抱著凡事非你不可的想法

人生該做的事，常在不知不覺中堆積如山。工作越多的人，代表越有能力，所以當職場上有很多工作落到你身上時，這就證明你在公司是個重要人物。不過如果你想獨自完成所有的工作，到最後可能沒有人會幫你忙。到時不僅別人不感謝你，你自己也會因爲無法休息而開始倦怠，甚至還會在心理產生受害者意識。

當工作已經多到無法負荷時，首先該做的是整理出工作的優先順序。對於那些已經超過自己能力範圍的工作，最好能尋求其他人的協助，或是把它交給原本分內該做的人。懂得拒絕別人的請託，也是一種重要的能力。如果勉強接受別人的請託，到最後卻又因爲別的事而無法完成，還不如一開始就先拒絕。

一旦被繁重的工作壓得喘不過氣，你就會開始無暇顧及到外面的世界，如此一來將失去生活的方向感，判斷力也會隨之減弱。如果你現在被困在一個堆滿工作的房間裡，請你先好好整理房間，將工作訂出先後順序，然後從重要的工作開始著手。至於那些無關緊要的工作，建議你最好能將它們徹底拋開。

如果還是不知道該如何拋下工作，那你可能像大部分的工作狂一樣，已經陷入超人情結裡了。可是你並不是超人或女超人，也無法獨自完成所有的事。當你能認清自己的限制在哪裡時，你該做的工作至少能夠減少30％左右。

第四，工作是為了過得更幸福

在經過一整天的辛苦工作後，有時我會在深夜回家的路上想起一個根本的問題：我到底爲了什麼而工作？請您也問問自己，如此認眞工作，究竟是爲了什麼？

佛洛依德認爲「工作能力」與「愛的能力」是人類身心健康的指標，當工作與愛達到適度均衡時，人生就能擁有安定感及幸福感。仔細想想，有什麼事能比擁有工作及所愛的人待在身邊更讓人覺得幸福的呢？

工作可以保障我們的生活，是我們得以從事其他活動的基礎。可是如果忘記工作原本的目的，只是一味地盲目投入，人生將因此而失去樂趣。這些話並不是要否定工作帶來的成就感以及自我實現的滿足，只不過如果變成工作狂，每天就會有做不完的事，生活也會充滿焦躁及不安，這樣一來將感受不到工作所帶來的快樂。

幾乎大部分的工作狂都有和家人相處上的問題。他們辯解說拚命工作也是爲了家人，爲什麼家人不能諒解？但是家人卻覺得自己「要的不是錢，而是希望全家人在一起」。彼此的關係因此而出現裂痕，最後連家人也無法體諒工作狂，導致他們失去了可以撫慰疲憊心靈的最後空間。

所以當你受困於工作、因而錯過其他幸福時，請切記：工作的目的是爲了讓自己更幸福！

才剛上班沒多久的弟弟問哥哥：

「哥哥眞了不起，怎麼有辦法工作超過十年？」

「怎麼啦？已經倦怠了嗎？」

「嗯，每天早上出門上班就好像要我的命，不知道還要工作多久？」

「你還沒眞正吃到苦頭呢。再做個兩年看看吧。」

通常在工作滿兩年時，就開始會有想辭職的念頭，之後這種念頭越來越強烈，嚴重時一天會有好幾次想辭職的衝動。如果一有這種念頭就遞辭呈，那工作可能要換上好幾百個了，不過前提是每次都要能找到工作才行。因爲考慮到生計問題，擔心未來沒有保障，所以大部分的人還是不會輕易辭職。

勉強做不適合自己的工作，或是假裝與合不來的人和睦相處，當然對任何人都沒有好處。但是也不能因爲擔心離職後會後悔，就放棄任何發展的可能性。況且現代社會已經沒有終身職場的保障，有時離職反而是累積個人經歷的最佳手段。

基於上述原因，我們這一生至少會面臨兩三次需要離職的狀況。問題是我們如何知道應該在什麼時機離職，而什麼又是最好的選擇呢？

等一個月後再辭職

如果自己的個性急躁，經常和身邊的人起衝突，那生氣時最好能先在心裡默數「一、二、三」後再開口說話。這樣做有助於穩住情緒，同時也能減少說錯話或做錯事的風險。韓國法院在申請協議離婚時，有三週的考慮期，用意就在於減少衝動離婚的案例。而這種做法也證明的確有效果。

所以當你覺得在職場上受到不平等待遇，或是對公司失望而想辭職時，最好能等一個月後再提辭呈，這一個月的時間至少能夠防止因爲情緒衝動而做出的決定。每當聽到有人說想辭職時，我就會告訴他：

「辭呈隨時都可以提，今天、明天，或是一個月後……只要在網路上下載一個格式，打幾個字上去就完成了。不過辭呈一旦提出，就很難再收回。當你提辭呈時，上司最先想到的就是要如何安排你離職後的工作。所以請再考慮一下，爲什麼要離職？離職後有沒有規劃？離職後會不會後悔……」

通常說完之後，有半數以上的人都會把辭呈收起來。無論做什麼決定，都不能因爲情緒上的一時衝動，尤其是重要的決定，更應該在充分思考之後，再好好地冷靜判斷。

人際關係的問題？在來得及之前多加強？

辭職的理由當中，排名第一的是人際關係困難。如果你也被這個問題所困擾，就有必要思考一下這個問題的根本原因。

舉例來說，如果是因爲上司的個性而造成你的困擾，可以向其他同事或是比你早進公司的人學習如何應對，萬一眞的無法接受對方的個性，不妨先想清楚爲什麼公司會提拔那種人當主管，再來做決定。

但是撇開特定的人不談，如果是和所有人相處都會格格不入，那就是你自己的問題了。依賴心較重的人會希望別人能包容自己，這種人無法適應職場上冷漠的契約關係，總覺得職場是個只知道賺錢和壓榨員工的恐怖地方；自我理想較高的人則是難以忍受惡劣的職場環境，他們覺得職場已經扭曲，而且專門製造沒有價值的商品；至於自卑感較重的人，常會把自己不足的部分歸咎爲職場環境或是上司的錯——所謂上司，就是將自己的無能卸責給下屬的人，職場則被抱怨爲是監視員工的無情場所。

如果問題是出在自己身上，就算換工作也沒用，因爲相同的問題還是會重複發生，換工作只是讓傷害更深罷了。此外，換過太多工作還可能被貼上社會適應不良的標籤，所以當務之急並不是辭職找其他工作，而是應該先解決目前在職場上所碰到的問題。

除了人際關係之外，近來也有不少人是爲了想去國外留學，或是爲了想從事更有保障、待遇更好的教職或公職，而辭職重新開始念書。

如果你也考慮這麼做，建議你先仔細分析以下幾個問題：自己從什麼時候開始想再念書？這是不是因爲不滿現在的工作而草率做出的決定？還是因爲懷念那段可以依賴父母、只需要專心念書的學生生活？考試上榜的機率有多高？如果落榜了，有沒有其他備案？

最後還要再問自己一個問題：爲了一個沒有把握上榜的高難度考試而辭職，這樣對自己到底好不好？自己想要的是什麼？是不是只爲了想逃避痛苦又落魄的現實……

說完上述這段話，我想再補充說明：

「如果你用準備考試的一半努力投入現在的工作，你的職場表現一定會更成功，經歷也會累積得更快。」

要是聽完這些話，你還是執意想離職，那我就不會再勸你了。既然是深思熟慮後所做的決定，從現在開始就別再回頭觀望。後悔只會讓人更猶豫、更沒自信，所以只要下定決心，就要加速朝自己的目標邁進。

世界上沒有百分之百正確的選擇，當然也沒有絕對錯誤的選擇，只有最適合目前狀況的選擇。不需要煩惱「將來後悔怎麼辦」的問題，就算將來重新調整方向，現在還是必須往前踏出去。

還要記得一點，無論做出什麼樣的決定，都要爲自己所做的決定負責，即使是在不得已的情況下被迫做出的抉擇。

在「達子的春天」連續劇裡，擔任電視購物頻道商品開發員的達子因爲和有婦之夫嚴起中交往，差點就被趕出公司。嚴起中的太太甚至跑到樓頂鬧自殺，使得達子和嚴起中的緋聞關係傳開。大家認爲不管公司的懲戒委員如何決定，達子都該爲這件丟臉的事離開公司。

但是從達子的角度來看，這樣對她並不公平。達子並不知道嚴起中已婚，兩人也只約會過兩次，還沒有達到不倫的程度，不過達子並沒有爲自己辯解。如果一開始不是因爲自己已經33歲而心急，也沒有因爲受到嚴起中電視購物頻道代表的條件所吸引而決定和他約會的話，事情就不會演變到這種地步，所以達子認爲自己還是應該對這件事負責。

然而達子並沒有因此而離開公司，畢竟過去八年所付出的心血及熱情無法在一夕之間完全放棄，她聽從自己心底的聲音，雖然覺得尷尬，但還是決定繼續留在公司。她向懲戒委員會表達自己願意負起所有的責任，只懇求他們別將她趕出公司。

達子照著自己的決定負起一切責任。她強忍別人的嘲弄，工作也從商品開發員降職爲客服人員，但她仍然打起精神面對現實，勇敢開拓另一個全新的人生。劇末達子終於再度回復到開發專員的身分，繼續過著精彩的人生。

爲了將來不後悔，達子仔細傾聽自己內心的聲音，然後做出最好的選擇。她對自己的選擇有信心，而且堅定地向前走。你只需要這麼做，就像達子一樣。

又是碰到紅燈，已經好幾次了。雖然早就預料到會塞車，但是每個路口都碰到紅燈，難免令人心浮氣躁。崔代理抽著菸，陷入沉思當中。很久以前，他就已經對這家公司沒有感情了，不喜歡這份工作，也不喜歡這裡的人。當初滿懷期待地進入公司，現在已經邁入第五年，之所以選擇這裡，是因爲喜歡這裡像一家人的氣氛。剛開始主管對新進公司的他有很高的期待，而他也總是充滿朝氣、認眞工作，所以晉升比其他同期同事還快。但是在他步步高升、新進同事越來越多之後，他卻開始感到茫然。一堆莫名其妙的事都落到他的頭上，以前原本公司可以容忍的過失，現在都不容許發生，簡單來說就是變得更嚴苛了。下屬也和從前的他不同，這些新人唐突失禮，一點都不想吃虧，讓他很難對他們產生感情。不過最讓崔代理失望的還是公司在幾個月前所做的編制調整，一起共患難的前輩突然遭公司解僱，讓他對公司更加失望。

「才喊著說『我們都是一家人』，怎麼公司一碰到困難，就把人趕走了？」

為什麼聚餐時會稱「兄」道「弟」？

家人因爲具有血緣關係，所以能無條件地互相扶持。當發生事情時，再怎麼鬆散的家庭也會團結起來，二話不說地保護彼此。但是職場上認識的人並不是家人，他們只不過是因工作而結合的共同體成員。儘管如此，還是有很多人將家庭及職場性質混淆，期待在契約關係的職場中能夠產生親人般的關係。

舉例來說，像是把上司當成兄長，相信不管發生什麼事，他們都會保護自己；或是相信同部門的同事會像兄弟姊妹一樣照顧自己；還有毫不保留地與同事分享私事，希望大家都能站在自己的立場想……等等。

爲什麼有的人會有這種錯覺？主要是因爲職場的生態與家庭的生態有許多相似點。如果將家庭視爲生活的基本住所，那職場就是個人在社會上的住所。在那裡有負責指導公司營運、有如父親角色般的老闆；中間有具緩衝作用、像母親角色般的主管；還有彼此競爭卻又共患難、像手足角色般的同事。再加上人生有近三分之一的時間會在職場裡度過，有時待在公司裡的時間比待在家裡還要長。就像家庭代表一個人的出身背景一樣，公司也成爲表現個人認同的背景之一。也因此職場可說是具有和家庭相同的心理象徵性。

另一方面，韓國因爲受到儒教傳統的影響，所以對家庭重視的程度更甚於國家及個人。

家庭是由血緣凝結而成，對外部的人來說具有排他性，但是家庭內的成員卻能夠爲了家庭付出一切。也許是因爲閉鎖的家庭結構可以提供個人安全感，所以我們常會有將其他關係也加以「家庭化」的傾向。像在喝酒文化裡，一開始會說「大家都不是外人」，接著就會稱兄道弟；去到小吃店習慣稱呼那裡的服務人員叫「姊姊」，碰到有點年紀的就稱她「阿姨」，大家不斷攀附帶有親人色彩的關係。

在職場上也不例外，這點從公司的聚餐文化就可以看出來。大家在公司相處了一整天還不夠，下班後還要找時間聚餐。聚餐的目的就是要將白天相互競爭、計較利害得失的契約關係擱在一邊，然後將氣氛轉化爲像家人般的親密關係。所以在聚餐時，大家會緊靠著坐在身旁的同事，互相吐露私事，感覺好像兄弟姊妹一樣。

不過絕不能因此就期待職場裡有親情關係。職場中所有的關係都是以工作爲媒介而產生的，同事間感情再怎麼好，都擺脫不了比較與被比較、評價與被評價。或許眞的有同事感情會比家人更好，但那也只是由個人所建立的關係，並非職場內的人際關係本質。如果無法認清這個事實，最後就會像前面提到的崔代理一樣，多了一樁讓人在職場上感到氣餒的事。

崔代理在小時候經常期盼能得到父母的關心及肯定，但是父母比較疼愛妹妹，這使得他有種被父母遺棄的感覺。如今部門的新進員工又刺痛了他心中的傷口。公司同事對新進員工的關心遠多於對他，他彷彿再度遭到遺棄，這令他感到憤怒。他覺得上司背叛了他，但是如果和新進員工太親近，卻又常無端引起摩擦。

當依存性無法獲得滿足時，所產生的憤怒便會逐漸累積，進而投射到外部，嚴重時就會像崔代理一樣，總認為別人在討厭自己、壓榨自己，最後形成一種被害者意識。其實許多無法適應職場生活的人都會被這個問題所困擾。

反正以後不會有關聯，所以不需要努力？

如果你也碰到相同的問題，就應該要認清這些事實，那就是不能在職場裡期待親情關係。還有職場只是一群能負責的成年人因為工作而聚在一起共事的公共空間，大家在這個空間裡各自扮演不同的角色、領取薪資，和自己合得來的同事交往、透過工作實現自我……還有，公司雖然利用我，但我也同時利用這個空間追求個人的生存及發展。只有清楚了解這些職場內的人際關係限制，才有可能追求最大的幸福。

但是也有一種愚蠢的人，他們在追求完自己的利益之後，就斷然結束所有的關係。這種人看起來好像反應很快、很聰明，但事實並非如此。這個世界出奇的小，雖然是陌生人，但如果你有心的話，也許只須透過兩三個人就可以知道對方是誰了。曾被我們在背後捅一刀的人，很有可能就是你下一個工作直屬上司的朋友，也有可能是你未來結婚對象的堂哥。所以如果只是爲了追求自己的利益而不擇手段，終有一天還是會後悔的。

職場對我們具有重大的意義，我們在此度過了人生最積極活躍的時光。職場不僅永遠留下個人的一部分經歷，也是一個盛裝我們人生精華歲月的盆缽。想在職場裡維持良好的人際關係並沒有什麼特別的祕訣，只要能設身處地尊重別人，對自己分內的工作盡心負責；還有注意自己的一言一行不要傷害到別人，同時尊重彼此的私領域，這樣就可以了。

4

我還會有愛情嗎？

【愛情與婚姻】

「本來對某個人有好感，但是當對方眞的開始喜歡我時，我就會突然討厭起對方。醫生，這也算是種病嗎？甚至只要對方一靠近我，就會讓我覺得噁心，隨便應付一段時間，最後兩人就結束了。眞不了解我為什麼會這樣。」

從事這個行業久了，從來來往往的人口中便常聽到這樣的話。明明我也喜歡對方，但是當對方說喜歡我時，很奇怪就會開始討厭對方，到底原因何在？難道我並不是眞正喜歡對方？人的心理為什麼如此難以捉摸？

以為已經了解它，才又發現完全不懂，這就是人的心理。不過這種內心的變化隱含著各種心理現象，其中最重要的一點就是害怕遭到拒絕。

「如果以後他不喜歡我，把我拋棄的話該怎麼辦？」

要避免被拋棄後悲慘恐怖的下場，最簡單的防衛方法就是在對方拋棄自己之前先拋棄對方。

在害怕被拋棄的恐懼背後，隱藏的正是認為自己配不上對方的自卑感及罪惡感。接著就認爲自己當然會被拋棄，最後甚至自虐式地相信沒有人會愛上自己。

這種恐懼成了要與他人維持深入愛情關係時的巨大障礙，所以害怕被拒絕的人總無法接近自己心儀的對象，只能一直單戀，不然就是不斷測試對方。一開始他們會追問對方：「可以爲了我這麼做嗎？」之後要求越來越多，也讓對方逐漸感到吃力。但問題在於即使對方全盤接受，測試並不會就此停止。他們一邊用不當的方式對待對方，一邊評估對方到底會不會拋棄自己，臉上還帶著彷彿在問對方「即使如此，你還會愛我嗎？」的表情。到了這時候，任何人都會受不了而離開，而他們也再次確認了自己錯誤的假定。

「看吧，我就知道會這樣，最後大家都不要我了！」

另一種害怕遭拒絕的類型則是不斷換對象，只和對方維持表面關係，這種類型的代表性人物就是卡薩諾瓦（Giacomo Casanova，十八世紀極富傳奇色彩的義大利冒險家、作家），他只不過是個沒有名氣的貴族，既沒有雄厚的財力，也沒有顯赫的名聲或至高的權力，但卻有許多女人和他談戀愛，讓他因此成爲知名的世紀大情聖。不過若更進一步探索他的愛情史，會發現其實他內心隱藏著害怕被拒絕的恐懼。

卡薩諾瓦的母親和年輕男子外遇，丟下孩子離家出走，他和爺爺兩個人四處寄宿在親友家，從小在孤獨的環境中成長。卡薩諾瓦雖然對自己不幸的遭遇感到不滿，但他還是溫柔地對待女性朋友，他將對年幼棄他而去的母親的思念，轉化爲對女性的熱情。不過他害怕又會被女人拋棄，就像小時候被母親拋棄一樣，這點讓他無法和同一個女人維持長久的關係，所以他不斷在對方拋棄自己之前先離開對方，然後轉向另一個女人。到了最後，和卡薩諾瓦交往過的女人超過上百名。但卡薩諾瓦眞的幸福嗎？總覺得在他華麗的名聲背後，卻彷彿有濃霧般的孤獨，這難道只是我的錯覺嗎？

這裡想問大家一個問題，你也認爲自己一定會被拒絕嗎？如果是，那就是個錯誤的想法。事實上漂亮又有錢的女人，或是有才華又有錢的男人也都可能被拒絕，但不同的是他們不會因爲被拒絕就認爲自己不值得被愛。他們認爲只是緣分和時機未到罷了，所以會等待下一個機會的到來，反正愛情遲早都會降臨，當他們遇到喜歡的人時，就會再次全心投入。他們知道人的心會變，但不會因此而害怕動搖。

邁入成人初期所面臨的主要課題之一就是結婚生子。爲了找到戀愛和結婚的對象，我們一定要克服害怕被拒絕的恐懼。凡事都有風險，誰能保證每件事都能順利？不過我們面對愛情時的態度及本分，就是要欣然地去承擔風險，然後努力降低這些風險。

會在意對方過去的人

做愛的過程中，完整地包含我們過去的性經驗。接吻綜合了過去的接吻方式，而在臥房內的舉動也充滿過去在臥房內的痕跡。愛莉絲與艾力克做愛時，等於是兩人過去的性經驗相遇。艾力克用過去克莉絲汀娜對他的方式舔著愛莉絲的耳朵；愛莉絲細膩探索嘴唇周圍的技巧是從羅伯特那裡學來的；蕾貝卡教艾力克如何用舌頭愛撫對方的牙齒，還深入嘴內輕舔著看不到的地方；漢斯擅長親吻鼻子，愛莉絲嘗試用這招，但艾力克好像不怎麼喜歡……他們在肢體上都留下了應該屬於過往的一切證據。

——艾倫．狄波頓《愛上浪漫》

曾經愛過的人都知道，就算不在臥房內，過去的愛情其實也不時地影響著現在的愛情。或許因爲如此，所以雖然那段愛情已經過去，但還是常有以下的情形出現。

「你的初戀是什麼時候？」

「初戀？就是現在啊！」

「你以為我不知道，還想騙我？我是這麼小心眼的人嗎？太讓我傷心了……」

「……其實是大一的時候……」

「交往很久嗎？」

「嗯，是啊，還一起拍過畢業照呢。」

到這裡暫停一會，兩人之間突然一片寂靜。對方雖然若無其事地繼續向前走，但是如果你懂得察言觀色，你會發現對方的表情開始有些微妙的變化。也許只是懷疑，但你的直覺是對的，對方已經準備要翻臉了。

戀人都想知道對方的過去，就像小孩子喜歡坐在媽媽面前聽媽媽講家裡過去的事一樣，他們從最後自己終於出生一事來確認自己，而戀人們也喜歡從對方過去的故事中來確認自己是對方旅程的終點。「原來在我之前還有這一段過去。謝謝你的出現，更謝謝你經歷這麼多波折，還能健康美麗地來到我面前。」

當兩人相愛時，無論對方過去做錯什麼事，都希望能不加批判地去理解它，相愛的兩人也因此相互治療，讓過去因為被拒絕而受傷、憤怒的心靈得以成長。所以戀人間能互相說出彼此的過去，其實具有重要的意義。

然而當對方說出自己曾經交往過的人時，問題就出現了。其他事情都可以理解、包容，但不知爲什麼，這件事卻讓人無法忍受。你會嫉妒過去他們交往的那段時光，而且會不停比較那段戀情和現在的這段戀情。

「爲什麼和以前的情人分手？」「是不是還忘不了他？」「你對她有多好？」等問題一個接一個在腦海中浮現。之後還會發揮想像力編起故事，而且一再修改。會這麼做的原因是希望能擁有對方的過去，成爲對方人生中唯一的人。如此一來，就有可能在新婚夜時爲了互相坦白而說出過去所有的事，結果兩人因爲這些事而爭吵，甚至導致分手的悲劇。

到了30歲這個年紀，至少都有過一兩次戀愛的經驗。如果這個年紀還沒談過戀愛，那不是因爲單純，而是因爲在愛人的能力上出了問題。所以大多數人在30歲以前都曾經戀愛過。

我們常說相愛的人之間沒有祕密，但是連已經是過去式的愛情也要說嗎？如果不說，是不是就代表不信任對方？如果要說，那應該坦白到什麼程度？不過我敢說，世界上有些事還是不知道的好。所謂不知道比較好，是指沒有必要說出過去的戀愛史，也不要想去告訴對方。原因在於對方所愛的我不是過去的我，而是現在的我；而我以前愛過的那個人也只是愛過去的他，而不是現在的他。

好幾年前，我曾經召集諮商人員講了一堂和愛情有關的課。當時有一齣連續劇「愛情的條件」打破收視紀錄，當然免不了會提到這齣戲。主角之一的恩屏與大學時期同居過的男友分手，之後才和現在的丈夫結婚。有一天丈夫知道她曾經和前男友同居，生氣地認爲遭到背叛。諮商人員熱烈討論這個案例，很多人都同意這個看法：恩屏應該要爲過去曾與人同居的事實求得先生的原諒，而先生也應該原諒恩屏。

但是我的看法不同，爲什麼丈夫應該原諒恩屏過去同居的事實？這件事根本與原諒無關，因爲這是她認識丈夫之前的事，和丈夫一點關係都沒有，所以也沒有所謂原不原諒的問題。只不過如果丈夫結婚的先決條件是要求清白，而恩屏又隱瞞這件事的話，那她就有錯。然而不正是因爲有過去的經驗，才會有今日的恩屏?!她經歷過多次的嘗試錯誤及經驗，才能蛻變成今日丈夫所愛的恩屏。如果你已經知道情人的過去，而且正爲此感到痛苦，那請你牢記以下這段話。

愛情也要經過學習。我們藉由過去的經驗學習如何去愛，也學習到如何從自己一貫的欲望當中去保護對方、維持愛情。不過這並不代表戀愛的經驗越多越好，相反地過多的經驗反而無法使人從過去學到教訓，也暗示著相同的情況還會再發生，所以要特別注意。過去的經驗塑造了今日的我，只要別一再重複相同的經驗就好。

因此如果你想從過去的回憶中解脫，現在開始就別讓那些回憶對你的人生產生負面影響，一定要好好地珍惜現在，所以不需要將過去的戀愛史全都向另一半坦白。

「有時候，還是不知道比較好。」

這個原理也適用於心理分析。在私人場合中碰到的人都說很羨慕我能洞悉老公或孩子的心理，他們還問我現在是不是正在分析他們想些什麼？這時我會開玩笑地回答：

「你們又沒付錢，我爲什麼要分析你們？」

其實從事心理分析的人有個原則，那就是「絕不分析自己的家人或朋友。」如果回家看到先生還要猜他的言語行動「背後有什麼意圖」，那彼此都會覺得痛苦。和朋友互動也一樣。所以我下班時，都會將「精神科醫師」的外袍留在醫院。還有，我也跟大家一樣，會爲一點小事爭得面紅耳赤，有時也會有些幼稚的舉動。

完全看透對方絕不是件好事，更何況也無法眞正看透。有一首流行歌曲這樣唱：「你不了解我，那我又了解你嗎？」反正生活就是一點一滴互相了解的過程，然而就算是生活一輩子的伴侶，也無法眞正完全了解對方。我們所能做的就是擁抱彼此所看到的傷口，然後一起去治癒它。

如果你想知道對方的一切，而且希望將他過去的事情都挖掘出來，這就代表你想佔有對方的過去，而且帶有些嫉妒的成分。會嫉妒對方過去的人通常代表自己缺乏自信，所以過去的就讓它過去吧。人生苦短，光要把握當下的愛都來不及了。緊抓著過去，讓它延伸到現在，只會讓現在也變成了一場噩夢。所以人生當中確實有些祕密是必須自己帶進墳墓裡去的。

為何不停地確認愛情？

那一夜我愛上了她。在那之前，她在我心中沒有任何名字，而在那天下午，因爲她給了我滿滿的愛……讓我產生難以言喻的力量及優越感，並希望以這股力量及優越感去面對學校的同學和老師。那天晚上，當我遇到偶爾會抱怨不停的哥哥和極端厚臉皮的妹妹時，突然覺得他們看起來好可愛。

——徐林克（德國文壇大師）《我願意爲妳朗讀》

還記得當初確認彼此愛意的那一刻嗎？就像上面的「他」一樣，當你確認愛情的瞬間，會突然覺得身邊的一切都變得美麗，而且彷彿得到全世界一樣雀躍。你會感到充滿幸福，連平常討厭的人都可以容忍。

「那天在爺爺的靈堂前，我變成了壞人。心中只想著妳，在爺爺面前只想著妳。衝出去想找妳，打起精神吧，一直強忍著……一下子就站在妳的門前，當時，眞的快瘋了。愛情不就是一切。」

——李道宇（音譯）《信箱一一〇號的郵件》

即使只談過一次戀愛，大概也知道上面這段話形容的是什麼感覺。那時候恐怕什麼都不管，眼中只有對方吧。心跳加速，好像非立刻見他不可。當充滿熱情、不顧一切地奔向他時，心中的話卻又說不出口。只要看著他就夠了……

不過就算愛情只是源自於腦部的化學作用，也不能因此而貶低愛情的價值，因爲腦中的化學物質並不是見到每個人都會出現。我愛的只有一個人，只有見到對方時才出現這種化學物質。也就是說因爲我愛這個人，神經傳導物質才會分泌，並不是因爲神經傳導物質分泌，我才會愛這個人。

性急的現代人無法忍受愛情有絲毫冷卻，其實他們不明白那就是愛情的另一項特質。很可惜愛情是會變的，因爲愛情只是一個過程。愛情從「陷入」熱戀階段開始，再經過「談」戀愛的階段，最後到達「停留」愛情的階段，宛如一段旅行的過程。所以熱情冷卻並不代表愛情已經結束。如果把熱情冷卻草率定義爲「你變了，你已經不再愛我了」，這就是個愚蠢的舉動。

到了知天命的年紀，有些事我到現在才稍微明白一些，其中一件事就是要陷入熱戀很容易，但要「停留」在愛情卻很困難。「停留在愛情的階段」是指在現實中分享彼此的生活，然後互相給予溫暖及溫柔的情意。此外兩人也會在幸福自在的氣氛中，產生一種因爲有對方而心存感謝的想法。所以停留在愛情是男女雙方所能達到最有意義的愛情型態，拉許（Scott Lash）教授曾用「冷漠世界裡的天堂」來形容這個境界。但是爲了要停留在愛情，我們必須了解對方、肯定對方，而且要懷著比任何時候更爲深厚的愛意，才能維持這種關係。如果想做到這樣，就必須欣然地對他人敞開自我，而且要能忍受自己獨處時的寂寞。

但是維持愛情原本就很辛苦，更何況這個世界還會不斷考驗著愛情，讓人不禁想問「這樣還愛得下去嗎？」四處充滿著許多威脅愛情的誘惑，再加上所有動物（包含人類）本來就是被設計成能夠同時與數個對象交往，尤其是從種族繁衍的進化論觀點來看更是如此。像是看起來琴瑟和鳴的天鵝，其實都是「花花公子」，山雀的雛鳥也有40％是和外遇對象所生的。有誰能保證，他的愛或我的愛不會變質呢？再加上近來每三對結婚的人當中就有一對離婚，可見得一生只愛一個人絕對不是件容易的事。

爲了挽回現實中逐漸轉淡的愛情，有的人會一再地確認彼此的愛情。在莫札特的歌劇「Cosi fan tutte（女人皆如此）」中已經警告大家別隨意試探愛情。

年輕的軍官古列摩爾和費朗多認爲愛情不可能生變，所以有一天他們爲此打賭，想試驗看看情人是否在面對甜蜜的愛情誘惑時，仍然能夠堅守貞操。他們兩個假扮成其他人的模樣去接近對方的情人，並成功擄獲她們的心。原本以爲自己和情人都不會受到誘惑，沒想到最後卻演變成互換伴侶的荒唐劇碼。

古列摩爾和費朗多忽略一件重要的事，愛情需要的不是確認，而是確信。如果老是想要確認愛情，只會徒然增加猜疑，最後還可能像古列摩爾和費朗多一樣搞出一個大鬧劇，所以千萬別拿愛情開玩笑！我們都知道，你雖然相信對方，卻還是不斷確認對方的愛情，主要也是想藉此消除心中的不安，然而當你越去確認，就反而更要小心。

就算對方的態度不符合你的期待，就算你只是撒嬌地鬧情緒說「愛情已經冷卻」，可是如果不管對方累不累，你就怪他「不是說愛我？怎麼連這點事都做不到？」或是紅著雙眼逼問他「眞的愛我嗎？那就說出來呀！」這些行爲就不應該了。因爲在這些行爲裡，看不到你決心積極維護愛情的意志。當愛情來臨時，維繫愛情原本就是兩個人分內的事，就算再辛苦，也要相信愛情、相信和自己相戀的那個人，只有這樣才能安全通過無數的愛情考驗。若能積極維繫愛情，相信最後將能創造出拉許教授所說的「冷漠世界裡的天堂」——也就是前面所提到的「停留在愛情階段」裡的情意與溫暖、自在。

如果你也希望能在冷漠的世界裡創造出天堂，你就應該改掉因爲擔心愛情冷卻而不斷確認愛情的習慣。還有，在確認對方是否愛你之前，先問問自己：「是不是眞的愛他？」也有可能動搖的其實是你，而你卻將自己不定的心投射在對方身上，所以才會感到不安。

「喂，怎麼啦？」

「你在看什麼？」

「哪有？我沒在看什麼啊！」

「你在偷瞄剛才經過的那個女生啊！怎樣，看得很高興吧？」

「喂，別亂冤枉人。不然要叫我閉著眼睛走路嗎？」

談戀愛時會有一樣東西如影隨形，那就是嫉妒，所以奧古斯丁會說：「若不會感到嫉妒，那就是沒有愛。」雖然嫉妒會燃起愛情的火花，但有時也會像莎士比亞的《奧塞羅》所描寫的一樣，變成一股危險的熱情，將所愛的人和身邊的一切全部燒光。

威尼斯公國元老布來班修的女兒黛緹愛上了黑人將軍奧塞羅，她不顧父親的反對和奧塞羅結婚。不久後奧塞羅得知土耳其艦隊準備襲擊賽浦勒斯，於是和妻子黛緹一起趕往賽浦勒斯。奧塞羅的旗手伊阿苟因爲副官的職位被卡西歐搶走而懷恨在心，於是決定向奧塞羅報復。

伊阿苟一到達賽浦勒斯，馬上找卡西歐喝酒，藉機引起騷動。如伊阿苟所預料，卡西歐因此而遭到罷免。接著伊阿苟又鼓動黛緹為卡西歐說情，努力幫助卡西歐復職。他暗地裡告訴奧塞羅，說黛緹和卡西歐的關係不尋常，為了製造證據，他偷走奧塞羅送給妻子黛緹的手帕，將它放在卡西歐的房間裡。奧塞羅糊塗地相信了伊阿苟編造的謊言，認為妻子與卡西歐感情私通，於是殘忍地殺死了妻子黛緹。

莎士比亞在這部作品中將嫉妒描寫成「吃人肉的綠眼怪物」，同時留下「雖然深愛著，猜忌卻沒有消失。一邊懷疑，一邊熱戀」的名言。奧塞羅最後終於因嫉妒而失去了理智，才會殺死黛緹。這件事表達出他對於太太刺激他男性自尊而感到的憤怒，也表達出他自己得不到、別人也別想得到的強烈獨佔慾。後來也有人用「奧塞羅症候群」來形容因嫉妒而失去理智的症狀。

進化論者將嫉妒視為進化的產物。男人會擔心自己在不知情的情況下，扶養了自己的女人和其他男人發生關係後所生的小孩；女人則是擔心扶養自己小孩的錢財會被其他女人奪走。但這些就是產生嫉妒的原動力。

所以自己的太太曾和其他男人發生過一次性關係，這件事會比太太和其他男人在心靈上有長期親密互動更令男人嫉妒，因為他們擔心太太會因此而生下其他男人的孩子。相反地，女人可以忍受自己的丈夫有一次肉體上的出軌，但如果知道丈夫和別的女人有長期而密切的心靈交流，就會因嫉妒而失去理智，因爲他們認識得越久，錢財被另一個女人奪走的可能性就會越高。

總之，我所愛的人可能會愛上別人，這件事的確讓人感到恐懼。它將威脅到自己原有的生存方式，平靜的愛情會因此受到破壞，夢想的人生也會在瞬間失去方向，所以戀愛中的人總是會不停地試探對方。因爲一直留意對方有沒有變心的徵兆，所以當對方有一些微小的變化時，也能敏感地察覺。

不過有一種人的嫉妒心過於強烈，他們連情人和其他異性交談或是多看別的異性幾眼都無法忍受。這種人隨時都想知道對方的一舉一動，監視對方，一旦懷疑對方出軌，嚴重的還會用暴力相向。

然而有很多時候，病態的嫉妒其實就是自己將想外遇的欲望投射到另一半身上，即使對方沒有外遇，也認定對方一定有。比方說當太太對其他男人具有強烈的性欲望時，就會將這種情感投射到丈夫身上，然後相信丈夫有外遇。

另一方面，自卑感較重的人也可能產生病態的嫉妒，因爲他們擔心另一半會去找比自己條件更好的人。爲什麼奧塞羅會輕易地相信奸邪的伊阿苟所說的話？爲什麼他不相信摯愛的妻子黛緹，卻會相信伊阿苟？因爲奧塞羅對於自己身爲黑人一事感到自卑，所以常懷疑美麗的黛緹是不是眞的愛自己。奧塞羅的自卑感被伊阿苟的計謀所引爆，原本已經薄弱的自信彷佛被人踩在腳底，此時他的心中只剩下嫉妒和復仇。

如果你要求對方「只能看我」；如果你一直戰戰兢兢，不知對方何時會變心；如果你再也無法克制嫉妒的心，那就請好好思考：你是否太過缺乏自信，所以常會擔心對方因為對自己感到失望而離開……我真心希望你不要為奧塞羅症候群所苦，如果愛對方，嫉妒是在所難免，但是愛情如此美好，怎麼可以因為嫉妒，而忘了好好享受愛情呢？

「媽，我要吃飯。」

下午很晚才出門去相親的女兒，竟然沒吃晚飯就回家，永恩的媽媽氣得說不出話來。

「什麼，妳連飯都沒吃就離開了？」

「媽！這眞的是最後一次了，下次您再安排相親，我絕對不去。」

「這次又怎麼了？條件那麼好的人要去哪找？」

「別人家的媽媽都覺得自己女兒最好，您到底覺得我哪裡不好？」

「妳年紀不小了。」

「是啊，我31歲了，可是現代社會31歲算什麼，您爲什麼老是嫌我年紀大？」

永恩期待的理想情人要個子高，從事專門職業，還要有幽默感。但是每次聯誼或相親出現的男生看起來都很老氣，而且不擅言詞，今天也不例外。爲了不挨罵，永恩坐了一會兒之後才離開，邊走心裡邊想著：這個世界上，一定有我想要的理想類型……

這段期間，永恩認識過很多男孩子。可是每當她心中有所期待時，見過幾次面後就會發現對方的缺點。31歲的永恩心裡開始焦急，她擔心是否如身邊的人所警告的一樣，自己的年紀已經不小了。還有，當她看到自己不喜歡的男生和條件不錯的女生結婚，然後過得很幸福時，就會忍不住生悶氣，心想那種男人到底哪一點好……然而在永恩目前參加的相親或聯誼裡，長得像伯伯或叔叔的男生卻越來越多，這就是永恩現在所面臨的現實。

理想類型背後所隱藏的祕密

我們每個人心中都有一種夢中情人的類型，而且期待能和這樣的人認識、熱戀，最後步上幸福的婚姻。即使只是幻想，也都會讓我們心動不已。

不過從心理分析的角度來看，理想類型極有可能就是我們心中某一面的投射。當男生的夢中情人是「讓人想保護的女生」時，其實就代表這個男生希望自己能受到照顧和保護。有些人會因為對方擁有自己所缺乏的部分，而被對方吸引。他們想藉由與理想情人交往的方式來彌補自己的不足，反覆表現出自戀的意圖。

允貞是一名30歲女性，從小就沒有父親。小時候父親因為外遇而和母親離婚，她在國小時也只見過父親幾次面，後來聽說父親和其他女人結婚生子的消息，從此父親就在她的人生當中消失了。現在她和疲累而帶有神經質的母親相依為命。當母親心情不好時，就會對著允貞訴苦，或是拿她出氣。這時候辛苦的允貞只能靠著幻想支撐，期待有朝一日會有白馬王子來救她，幫助她脫離這一切的不幸。

允貞期待的理想情人，就是在任何情況下都能保護她的男人。不知不覺中，她在潛意識裡塑造出一種理想的父親類型，她渴望有個讓她有求必應、心胸寬敞的父親，所以將這種類型投射在她夢想的情人身上。不過她心中卻同時對父親懷有很深的不信任及怨恨，這也變成她和異性進一步交往時的障礙。對父親的理想化及不滿兩種極端的情緒在她心中交戰，使得她盲目執著於理想類型的情人，同時又會挑剔交往對象的缺點，阻礙了她與對方接近。

他們無法得到愛情的原因

愛情，是從將對方理想化開始。因爲對方具有自己想要的特質及優點，所以覺得對方是世界上最理想的情人。如果自己也能夠成爲對方唯一的對象，那不知該有多好？這股欲望促使我們將對方理想化，最後被人家戲稱「愛情是盲目的」。不過很可惜的是通常在相處之後，你會發現對方根本沒有自己所期待的特質，再不然就是僅有少部分符合而已。大家毫無例外地都有碰過這種情況，我們可以將它比喻成理想化逐漸墜入現實的過程，也因此儘管對方不是我理想中的情人，但我們還是能心懷感謝及體貼，而且更加深愛對方。

我們在歷經初戀及數個交往對象之後，才能遇到眞正喜歡的人，這也可以說是一種脫離幻想夢中情人的過程。經過幾次相遇、分手後，我們終於學習到一些事，那就是每個人都有一顆受傷的靈魂；而且世界上沒有人是完美的，就如同我自己也不完美一樣；還有所謂的愛情就是要面對這些事實，誠心接受對方，在這個過程中增加我們人生的寬度和廣度。最重要的是我們透過這些經驗，學習到我們能夠愛什麼樣的人，以及能夠和什麼樣的人一起生活。

但是如果像永恩或允貞一樣，已經設定好要找的理想情人類型，恐怕就很難眞正投入愛情。要遇到理想情人原本就很困難，就算眞的遇見類似的對象，她們也會擔心萬一不是的話該怎麼辦，所以無法完全放心投入。她們並不知道「愛情是盲目的」，只要一發現理想情人背後隱藏的眞實面貌，就會失望地轉身離去。也因此如果一開始就堅持要找理想情人，最後換來的就只是挫折和失望了。但是這樣卻反而更強化她們對尋找理想情人的堅持。

你也在期待理想情人出現嗎？如果是，那你可能正在擔心會再一次的失望和受挫吧。也就是說當你一認識理想的對象時，你會希望彌補過去所受到的傷害，但又會害怕對方再度令你失望。不過你所期待的一切，將會在戀愛的過程中逐步達成。所以不要再有錯覺，以爲只要遇見理想情人，一切就能如你所願。愛情需要耐心和時間，在這個過程當中，我們都會慢慢地成長，也會慢慢地改變。

給相信愛情不需語言也可溝通的人

【金惠男的心理治療咖啡館】

有一天，一對異國婚姻的夫婦來找我，其中先生是韓國人，太太是美國人。這對夫妻因爲文化差異和溝通的問題，過去五年來總是爭吵不斷。先生先開口說話：

「我太太到現在還不知道我到底喜歡什麼。甚至連煮咖啡給我的時候，都還要問糖要幾匙？奶精要幾匙？也不是不重視我，但是每件事都這樣，當然會讓人不耐煩。」

而一旁的太太用還算流暢的韓國話但感覺生氣的口吻說著：

「我只是覺得，不同的時間可能會想要喝不同的咖啡吧。不問的話我怎麼知道？人有些時候會想喝黑咖啡，有些時候可能會想喝甜一點的咖啡啊。」

相愛的人有時會對彼此說：

「連這也要講嗎？」

因爲情人會覺得兩人間的關係不須開口也可以了解，光看眼神就可以知道對方心裡在想什麼了。這種對於兩人親密關係的憧憬，是源自於幼兒時期被母親抱在懷裡的記憶。在那個時候，母親只要看我的眼神就可以知道我肚子會不會餓，是不是想睡覺，或是尿布有沒有濕。此時與母親的關係，成了我們日後追求的愛情樣貌，我們希望能再擁有如當時所感受到的親密關係，就像那時候我不說媽媽也知道一樣。我愛的人也要像媽媽一樣了解我，這是大家對愛人所具有的期待。

在熱戀的初期，大家多半都有這種經驗：那就是彼此的想法會有如複製般的互相契合，這是因爲戀愛的熱情會讓我們把感覺的門全部打開，使直覺力升到最高。在這時候有可能產生戀人間的心電感應，所以情侶們會同時冒出一樣的話、會相視而笑、會哼出一樣的歌，也會同時想吃一樣的東西。即使沒有如此，也會在想到對方的時候剛好電話鈴就響了。這些經驗讓情侶們覺得很神奇，進而把這當作是命中注定相遇的證據。可是在過了熱戀期之後，激烈的感覺又會重新回到原來的狀態。此後不論兩人多麼相愛，如果想了解彼此的心意和想法，就必須靠雙方持續地努力溝通了。

這也沒什麼好悲哀的。想想看，如果對方完全了解我在想什麼，這樣眞的是最完美的嗎？就算再怎麼愛對方，總有想要隱藏的祕密，也會有不想讓對方知道的隱私。萬一連這種事對方都知道的話，反而會讓愛情面臨危機。不讓內心產生的各種危險欲望去破壞愛情，本來就是我們應該努力的事，如果一切都被對方看穿，愛情怎麼能維持下去。

所以各位情侶們，不要再期望彼此可以只用眼神溝通想法了，就開口具體的說出你的要求吧。萬一你的親密愛人問你「連這也要說？」的時候，請你這樣回答：

「對啊，拜託你告訴我。」

畢馬龍式的愛法

——你應該照著我的意思去做！

鎬俊和他的女友是校園內公認最肉麻的情侶。因為女友對時尚的品味與眾不同，也讓他養尊處優。他每個月都會到女友指定的美髮設計師那裡去整理頭髮，每一季都會收到女友送的最新流行的禮物。雖然他也喜歡每天穿得時髦帥氣，聽聽朋友的讚嘆聲，但是除了衣服外，連背包都要經過女友同意，對於這樣的生活他卻逐漸感到乏味，尤其是女友的要求已經不限於服裝衣著了。女友嫌他體型突然走樣時，就要求他去做他不喜歡的運動，還強迫他去看他認為無聊的純情漫畫，終於鎬俊開口說出忍了很久的話：

「一定要現在穿嗎？」

「快去洗手間換一下啦。」

「下次穿吧，現在換太麻煩了。」

「拜託～求求你啦～」

「吁，我……是妳的洋娃娃嗎？還是寵物？」

「鎬俊哥！」

每個人或多或少都有這種想法，希望改變所愛的人，讓對方能夠符合自己的期待。於是我們會要求對方照自己所說的去做，就像媽媽幫三歲小孩穿上自己喜歡的衣服，教他什麼能做、什麼不能做一樣。當對方拒絕時，媽媽會勸反抗的小孩說：「沒有人比媽媽更愛你吧？所以你要聽媽媽的話，這樣對你最好。」情人也一樣，會跟對方說：「這一切都是因爲愛你。」

「我愛的對象至少也要符合這些條件」——像這種以極端自我中心爲出發點的愛，還有希望依照自己的想法去改變對方的愛，這些我們都稱之爲「畢馬龍式的愛」。

眾所皆知，畢馬龍是古代希臘的雕刻家，他看到維納斯的女祭司們生活糜爛，所以決定一輩子獨身。畢馬龍的夢想是雕刻出世界上最美麗的女人，他將精心刻出的雕像取名爲「葛拉蒂亞」，最後還愛上了雕像。他用花和寶石爲葛拉蒂亞裝扮，幫它穿上昂貴的衣服，還與它擁抱親吻，彷彿把它當成活生生的女人一樣珍惜疼愛。然而雕像畢竟只是雕像，並非眞實的生命體，畢馬龍在維納斯的祭典之日當天，用惋惜的心情誠摯地祈禱著：

「神啊，請賜給我如這尊雕像一般的女人吧。」

維納斯聽從畢馬龍的請求，賦予雕像眞實的生命，畢馬龍終於可以和具有生命的葛拉蒂亞結婚。

在電影「窈窕淑女」中，所表現的正是希望將愛人塑造成自己理想情人的畢馬龍式愛情。語言學教授雷克斯・哈里遜和朋友打賭，要在六個月內將賣花的少女奧黛莉・赫本打造爲淑女，最後果然成功地改變了她。電影「麻雀變鳳凰」也可以看到典型的畢馬龍式愛情。因爲巨富李察・基爾雖然喜歡茱莉亞・羅勃茲，但是並沒有尊重她原來的樣子，而是將她改造成一名具有優雅氣質的女人之後，才眞正愛上她。

畢馬龍式的愛情是一種極度危險的自戀式愛情，裡面隱藏著想擁有並支配自己所創出對象的欲望。這種類型的人無法接受對方是個不同獨立人格體的事實，他們只會指導對方，依照自己的想法去改變對方，然後要對方去沒有去過的地方、讀沒有讀過的書，他也會帶給對方沒經歷過的樂趣，甚至連講話的語氣及態度、穿的衣服，他都希望對方能照著自己的要求去做。

爲了改變對方而強調自己的優越性，最後終將傷害對方的價值。在不斷地要求對方之後，對方可能會開始產生懷疑，認爲這段愛情是出自於強迫，而非出於眞正的感情。所以想支配對方的愛情，帶來的結果反而會破壞愛情。

能夠互相愛對方原來的樣子，是件幸福的事。如果你用愛當藉口，只想照自己的想法去改變對方，卻不懂得尊重對方的意願，那就請你趕快回頭吧。聖艾修伯里（《小王子》作者）說過：「所謂愛情，不是互相看著對方，而是要看著同一個方向。」要和對方看同一個方向，就必須承認對方是與自己不同的獨立個體。我所愛的人，絕不是我口袋裡的小娃娃。

不要強迫戀人扮演父母的角色

智秀從研究所畢業後就進入大企業工作，今年32歲，是當課長的最後一年。每當周遭有人擔心地對她說：「怎麼老是忙著工作？也該結婚了吧。」雖然工作狂的她嘴裡會回答：「遲早會結的。」但內心還是不怎麼舒服。尤其最近剛好又和男友之間有些爭吵。剛開始男友還能體諒她工作忙，甚至急的時候還會伸手幫她忙。可是她在晉升之後事情變得更多，他開始失去耐心，打算催她快點結婚。然而智秀不想因爲結婚而耽誤工作，所以拖一天算一天。

有一天，公司問她要不要接受派駐海外分公司兩年，這是個千載難逢的好機會，但是男友卻出面阻止。男友說他無法再等下去，如果她接受派駐，就乾脆分手。男友平常都會讓她盡情投入工作，這次的反應讓人意外，她也受到不小的衝擊。

「想阻礙我成功，是不是就代表不愛我了？」

所以最近智秀正在愼重考慮，要不要和交往七年的男友分手。

愛情是自私的。我之所以需要對方，是因爲有了對方，我的生活會更加幸福；有了對方，我才不會孤單；有了對方，我的生命才能圓滿。從某個角度來看，這也算是一種存在論的自私心態。更何況對方是自己尋尋覓覓後找到的另一半，難免會珍惜對方更甚於自己，即使將所有的一切都給了對方，也在所不惜。

然而不管是誰，大部分的人都是貪心的。如果我最重視的人是對方，當然我也會期待對方最重視的人是我。也就是說希望對方心裡只能想我；而且必須先看到我幸福，他才會眞正感到幸福；我所期待的事，他也都很樂意去完成。

過度貪心的人會認爲：「既然愛我，我需要什麼，他就應該配合。」於是兩人之間從對等的關係轉變成某一方單向受到照顧的關係，如此一來，愛情終將變質。

在我們周遭常會聽到這一類的故事，像是女方含辛茹苦地支持丈夫準備考試，等到丈夫考上後，卻和其他女人外遇；或是留學期間由不懂外語的老婆在國外辛苦賺錢，資助丈夫念書，等丈夫當上教授後，卻爲了別的女人而要求老婆離婚。碰到這種情況時，先生會被身邊的人視爲寡廉鮮恥，而遭到拋棄的太太也會得到嚴重的憂鬱症及被害意識。

上述兩人關係生變的原因有很多種，其中影響最大的就是兩個人的成長不一致。當太太爲先生吃盡苦頭時，先生正在不斷努力用功，接著又爬升到眾人欽羡的位置。在丈夫成功之後，夫妻兩人關心的事情會變得不同，彼此的對話也很難具有實質的意義。也就是說太太幫助先生實現自我，卻忽略了自己的自我需求，到最後兩人的世界當然距離越來越遠。

關係生變的第二個原因是丈夫的虧欠感作祟。再怎麼說，先生對太太有所虧欠是事實，所以丈夫可以說是債務人，而太太則是債權人。這時太太會將自己過去的犧牲當成是擔保品，進而隱隱產生想操控支配先生的念頭。先生看到太太的樣子，就彷彿聽到太太在大喊著：「這一切都是託我的福。」於是想從這種負債的感覺中逃離。

第三個原因是兩人的關係已經不再像是情侶關係，而是比較接近母子關係。太太扮演著照顧考生兒子的媽媽角色，對丈夫來說，會感覺太太就像自己的母親一樣，所以很難再和太太分享愛情。想一想，一個兒子怎麼可能和媽媽談戀愛呢？就算是先生想要報答太太，也會因爲這個問題而感到困難。

還有一點不能忽略，那就是以犧牲自居、忍受一切辛苦都是太太自己的選擇。這樣說並不是要支持丈夫背棄太太。就算存在許多危險因素，導致兩人關係生變的最大原因終究還是來自於「丈夫的背叛」。

前面提到的智秀需要一個能支持她完成夢想的情人，但並不是只有她才存在這種夢想，我們每個人都會期待有個只愛我的人，而這個人可以爲自己付出一切，就好像小時候所幻想的「家庭羅曼史（Family Romance）」一樣。所謂「家庭羅曼史」是一種小時候的幻想，認爲爸爸媽媽並不是自己的親生父母，自己是來自某個貴族家庭，因爲無可避免的理由才會住進這個家庭。小孩子同時幻想著，自己的親生父母遲早都會找到自己，然後幫自己完成所有的心願。

智秀從小就很聰明，所以父母對她有很高的期待，她要什麼，父母就會盡量滿足她。不過在長大出社會後，她的父母變得和以前不一樣，現在的她一切都要靠自己，也要開始面對一些孤獨的狀況。此時成爲支持她的最大力量就是男友。但現在狀況有所轉變，她一方面爲此感到憤怒，一方面又害怕會因此而失去男友。對她而言，男友就是父母親的替代角色。

智秀所碰到的問題，也是近來許多年輕人會碰到的問題。現在的年輕人小時候在父母的過度期待及保護中成長，只要用功念書，任何事都可以被原諒，所以他們是在不曾自行決定或負責的情況下，投入這個冷漠的現實社會。現在他們期待情人能像父母一樣堅定地支持自己，而且理直氣壯地說：「如果愛我，難道連這個都做不到？」

不過情人不是自己的父母，他只是跟我有相同期待，和我類似的人，所以不要強迫情人扮演父母的角色。在問對方「如果愛我，爲什麼連這都做不到？」之前，先問問自己，是不是也幫對方做了什麼。因爲愛情不是單方要求，而是彼此需求的調和。

對婚姻的恐懼

秀妍今天什麼事都做不好。午餐不想吃，留在座位上隨意上網，試著安撫一下自己的心情。她心想MSN上的朋友這時應該都去吃午飯了，就在此時卻看到有人登入，是慶雅。

雅雅：妳說今天要提親？

正式公開：嗯～

雅雅：眞好。約在哪裡呢？

正式公開：不知道，突然很不想去。

雅雅：爲什麼？你們吵架了嗎？

正式公開：沒有，沒有吵架，唉～

雅雅：到底怎麼了？

正式公開：慶雅……

雅雅：？

正式公開：決定和這個人結婚，到底對不對呢？

雅雅：喝！

很多人在結婚前會突然變得猶豫不決，心想不知該不該跨進婚姻的大門？和這個人結婚到底對不對？婚後如果不和該怎麼辦？我真的能夠幸福嗎？結婚是件瘋狂的事，我會不會很快就後悔？各種疑問，在腦海裡快速閃過，秀妍也一樣。一旦提親，馬上就要決定婚期，所有的婚禮準備也必須在婚期前完成。秀妍想到這些，不免對提親一事感到恐懼。

要和另一個人達成共識、決定一起生活，這不是件容易的事。熱情有可能在某一瞬間突然冷卻，你也會發現對方令人難以忍受的缺點，此外還要面臨日常生活中的經濟問題，這些都令人感到害怕，擔心最後會像父母一樣，過著平淡無味的生活。再加上如果自己的夢想或人生方向必須因結婚而有所改變，那結婚眞可謂是人生的一大轉捩點。

也因此，準新人通常會變得特別敏感，同時也有許多疑慮。在正式進入婚禮準備階段時，多數的新人都曾經吵過架，而且沒有到每次見面都吵就已經算是難得了。畢竟在婚前會有強烈的不安，這是任何人都無可避免的。

但是從心理分析的層面來看，有些錯誤的婚姻還是應該要在事前勸阻。每個人心中都潛藏著一股「重複性強迫」的衝動，會讓過去的不幸重複發生，所以常會看到有人所選擇的對象宛如將過去的痛苦關係又複製到目前的關係之中。例如當父親是酒精中毒者時，選擇的對象多半也是喜歡喝酒的男性；而母親個性比較心軟的男性，娶的太太也是這一類的女性。

就算兩人已經決定結婚，如果彼此的關係與自己過去留下來的內心衝突有著病態的關聯時，這段婚姻就有重新考慮的必要了。請仔細想想，你們是不是每一次見面都會吵架？然後一邊抱怨對方，一邊卻又因爲有感情而捨不得分手？或者你們兩人的關係是單向付出，而且讓你們感到不自在？我的意思是指對方是否很像過去某個曾經令你痛苦疲累的人。如果染上酒精中毒的父親曾經帶給妳痛苦，那還有需要和像父親這一類的人交往嗎？

不過如果兩個人都能清楚自己內在的衝突，而且有把握可以解決的話，那情況又不同了。但如果你的愛情沒有達到如此成熟的程度，就有可能是因爲受到強迫症的影響，想讓過去的不幸再次重複。所以你必須自己切斷不幸的連續，這一點沒有人可以幫得上忙，因爲這是你自己的人生，你一定要勇敢地切斷它。

如果婚姻是愛情的墳墓，那生命是不是太可怕？

外科醫師托馬斯想從生命的重量及整齊劃一中逃脫，好好享受自由自在的生活。結婚對他來說，無異就是「生命中無法忍受的沉重束縛以及自由人生的終點」。雖然過去因爲不懂這些而曾經有過一次婚姻，但是現在絕不再重蹈覆轍。結過一次婚之後，他體認到自己不可能一輩子只守著一名女人。托馬斯必須擺脫結婚義務、丈夫的使命等等，心情才能眞正感到輕鬆。自由戀愛主義者的他同時愛上了以認眞的生命態度深信命運式愛情的特麗莎，以及拒絕一切束縛、自由豪放的畫家薩賓娜。

特麗莎相信與托馬斯的愛情是命運的安排，她無法理解嚮往自由戀愛的托馬斯，兩人爲此衝突不斷，最後她再也不能忍受托馬斯的「輕」，決定離開他。

這是米蘭·昆德拉的小說《生命中不能承受之輕》裡的故事。它提出一個問題，問我們愛情與婚姻和生命的意義。小說中的托馬斯後來又去找特麗莎，即便又一次戴上生命中無法承受的桎梏，他也要和特麗莎在一起。不過很遺憾的是，就在兩人確認彼此愛意的那一天，卻因爲發生交通事故而失去了生命。

我們常說「愛情是夢想，婚姻是現實」；羅素也說過：「在婚姻生活的許多義務或現實之前，愛情無法不褪色。」托馬斯的想法亦是如此。所以剛開始才會把特麗莎送走，因爲他覺得爲留住特麗莎而和她結婚太過沉重。

但是爲什麼到後來托馬斯又跑去找特麗莎？如果沒有因爲車禍死亡，他們眞的能過著幸福的生活嗎？很顯然他們萬一結婚的話，最後一定會後悔的。常聽人家說：「我又沒瘋，當時爲什麼要結婚呢？」因爲結婚讓人後悔，不結婚也會讓人後悔。可是人們爲什麼要結婚呢？

夫妻間的關係通常會經由以下三個層面完成。首先是現實的層面，要考慮的就是「我會因爲結婚而得到什麼」。像是經濟能力的保障、獲得心理上的安定、脫離孤獨等等。第二是文化的層面，也就是雙方如何在文化的期待上取得協調。最後則是心理層面，這個問題涉及到彼此的潛意識衝突會產生什麼樣的後果。

這三個層面互相糾結，夾雜著對彼此的期待與失望，以及愛與恨等各種情緒，使得婚姻生活呈現出高度的動態。在不知不覺間，夫妻兩人會在對方面前表現出最眞實的一面，他們會爲一點芝麻小事爭吵，或是毫不考慮地說出一些不會對外人說的致命性言語。吵過架之後，雖然兩人都受到不小的傷害，但是只要說一句：「對不起，我一定會改。」這一切便可以化解。這種來回在天堂與地獄之間的過程不斷在上演，理察・史提爾就曾經說過：「結婚，是我們在這個世界上所能經驗、圖像最完整的天堂與地獄。」

夫妻在吵架時，會讓對方看到自己幼稚又小氣的一面，那是因爲兩人間的關係已經具備愛與信任的基礎。他們相信自己再怎麼任性，因爲對方愛著自己，所以最後還是會包容自己。不過要是雙方的信任基礎已經被破壞，情況便又不同了。這時候的吵架不會僅止於一時，還會因爲對彼此的失望及憎恨而導致關係毀滅。如此一來，結婚就眞的變成了愛情的墳墓。

所以要是想維持婚姻生活，夫妻兩人就必須相互體諒尊重，以避免造成不可修復的傷害，尤其要特別小心不要傷及彼此的信賴，或帶給對方過深的傷害。請切記，結婚本身不是墳墓，是我們錯誤的言行才有可能讓愛情在瞬間變成墳墓。

結婚，就要忍受各種束縛？

星期六早晨，知英躺在床上開始計畫週末要做什麼。

「今天先打掃，然後再去看場電影？」

以前不會這樣，但最近越來越不喜歡週末。說好一輩子不結婚要一起玩的朋友，卻先後把喜帖丟過來，如今差不多全都結婚了。現在和她們見面時，大家都忙著罵自己的老公，然後對她說：「婚眞是白結了，勸妳還是不要結婚。」不過才準備要好好享樂時，她們就頻頻看錶，說老公在家等她們，然後一個個溜走離開。知英週末覺得無聊打電話過去，她們就會找各種理由推託，說下次再見面。於是知英暗地裡發誓，絕不再先撥電話給她們。

「對了，今天晚上惠媛表姊結婚！」

惠媛表姊是知英小時候很崇拜的一位表姊，一直到50歲都維持單身，是個很會安排工作及生活、個性瀟灑的表姊。每次遇見她時，她總是說：「我這樣生活比較自在，偶爾談談戀愛就好。」可說是標準的單身主義者，如今連她也要結婚了。對方看起來又不帥，不知哪一點好……不過有件事很奇怪，原本看起來冷漠又削瘦的表姊，現在看起來的確比以前溫柔漂亮。雖然聽到她要結婚很驚訝，但至少週末有地方可去了。

還賴在床上的知英心裡想著，自己要不要也像別人一樣結婚看看？到了33歲，臉上開始有些歲月的痕跡，而且常覺得只要一到黃昏，孤獨就會像潮水一樣不斷湧進空蕩蕩的房間。不過很快地她又猛搖頭，讓自己清醒。

「結什麼婚？妳瘋了呀。看到父母每天盡忙著一些日常瑣事，妳不是常在想，何必去結婚過那種生活……」

要照顧自己都有困難了，還要多一個人在旁邊囉嗦，想到這裡就覺得恐怖。果然只要一想到結婚，知英就會喘不過氣。

「我不喜歡受到拘束。尤其大家都知道我很懶，誰會受得了？和我結婚的人應該也無法忍受吧？況且兩個人在一起，什麼時候會變心都不知道，怎麼可以讓一個人來影響自己的人生？還有要是生了小孩，誰來照顧？啊，太可怕了！嗯，絕對不能結婚。」

經過這一番思考後，心情才逐漸平靜下來。好個風和日麗的星期六。

單身生活最大的困難點，大概就是怕孤獨吧。如果你不喜歡回到家時燈是熄著；如果你會爲了想聽到有人講話而打開電視；如果你希望有人跟你一起分享微波加熱後的料理餐包，你就會明白孤獨的感覺是多麼讓人痛苦的一件事。

至於婚姻生活的最大困難點，則是它所帶來的拘束感。想做的事不能隨心所欲；旅行也不能自由安排；如果生了小孩，還會感覺好像被責任與義務的鏈條捆綁住一樣。

在幾年前，曾經有個朋友向我發過牢騷。他說有一天他在公司忙到凌晨兩點才回家，回家時太太和兩個小孩都睡了，這時他突然看到他們伸出棉被外的六隻腳，這位朋友在那一瞬間感覺好像快要窒息，心裡很想逃到別的地方去。或許就是這種感覺吧，才會讓約翰・厄普代克（John Updike，美國知名作家）小說《兔子，快跑》裡的哈利想要逃走。

從事廚具業務的哈利在過去是個知名的高中籃球選手，如今一成不變的生活卻令他快要窒息。但是某一天，平常總是抱著電視的太太竟然說她懷孕了……人生原本就已經很單調乏味，如果再加上個小孩……有一天他突然決定駕車離家出走，在經歷一番波折後，還是又打起精神回到家裡。然而迎接他的盡是嬰兒的哭聲以及太太不停的叨唸，所以哈利又再一次離家出走，而且是跑去找他上回離家時認識的妓女。才去沒多久，他就受不了了，因爲連那名女子都懷孕了。哈利藉故要去逛一逛，結果又再度逃跑。

孤獨和束縛都是令人難以忍受的感覺。但很悲哀的是，如果眞的無法忍受孤獨，你就必須選擇束縛；如果束縛讓你痛苦，你就必須選擇孤獨。可是不想因爲怕孤獨而結婚，又不想因爲怕束縛而任意排斥婚姻……到底該怎麼辦呢？難道沒有那種既可以保持自由，然後又不會感到孤單的婚姻嗎？

在提出這個疑問之前，要先想清楚一件事：並不是結婚後就不會孤獨，甚至當另一半在身旁時，有時也會感覺到孤獨。還有，單身並非眞的沒有束縛，若想維持生計就必須賺錢，這樣當然不可能自由。總之，不管採取哪種生活方式，都無法完全自由，或是完全不會感到孤獨，只能選擇是要比較自由還是比較不孤獨的生活罷了。

所以當你決定結婚時，要認清楚生活的限制在哪裡。這樣才是過得幸福又愉快的第一步。

回想起當初我要當媽媽的那段日子，如今老大都已經是大學生了，所以那是相當久遠以前的事。其實我第一次懷孕是失敗的，那是在我當實習醫生的時候，我在婚後很快就意外懷孕，當時還來不及感受有小生命的喜悅，就必須先跟現實生活進行一番苦戰。身體疲憊加上經常睡眠不足，甚至怕被人看出害喜，而刻意緊閉著嘴巴。每次一想到肚子裡的孩子，就得提醒自己要打起精神。然而，忙累的時間卻總是過得特別慢。

有一天，在重症病房值班的時候，突然遇到必須幫三個病人做心肺復甦術的緊急狀況。心肺復甦術做完三十分鐘後，即使是健壯的大男人也會汗流浹背，雙腿發軟，因爲那是一項很費力的急救技術。可是三個病人卻一個接著一個停止心跳，學長學姊們一一投入急救，在那種情況下，「可是我有身孕」這句話我實在開不了口。當時還是懷孕初期，我很擔心肚子裡的小孩，但仍然得盡全力去按壓病人的胸部。到了第二天我就開始出血，然後流產了。

那天晚上我哭得好傷心。爲了救一個生命，我卻失去了我的孩子。之前從未後悔過當醫生，在那時卻開始對我的職業感到懷疑。就這樣，我失去了第一個孩子，有好一陣子都陷入憂鬱的症狀之中。

兩年後，我又再度懷孕了。可是懷孕第二個月卻出現輕微的出血，被診斷很有可能會流產。這一次我再也不能失去孩子，所以雖然是住院醫生的受訓身分，我還是請了一個月的假在家休息。在那段日子裡，我每天都感受到要成爲母親眞是一件不容易的事啊！幸好之後沒有流產的現象，肚裡的孩子也平安的漸漸長大。

肚子變得越來越大，到了預產期時，我很興奮地期盼孩子能趕快出生，但另一方面卻又擔心自己無法成爲一個好媽媽。我眞的能夠把孩子教育好嗎？眼前還要忙著事業和學業，能同時兼顧工作和照顧孩子嗎？會不會因爲工作的關係，而無法給孩子足夠的時間及母愛呢？或者，會不會因爲孩子的關係而忽略了工作與學業呢？會不會因爲這樣而對我的孩子感到厭煩呢？種種想法一一浮現在我的腦海中。

在懷孕當母親的過程中，不只是身體，在心理上和經濟上也會產生許多的變化。首先，一開始有身孕時，身體就會發生變化，這時會怕自己的身材走樣而失去異性魅力，也會害怕跟老公的關係日漸疏遠。此外，現代人育兒必須花費很多金錢，這在經濟上也是一大負擔，甚至可能爲了孩子而必須改變或拋棄夢想，所以現在有很多人都降低了生育的意願。

我也是抱著憂喜參半的心情迎接孩子的出生，但沒想到生產時並不順利，雖然子宮已經開始收縮，卻感覺不到疼痛，無法自然分娩。打了催生針，等了又等，還是生不出來，直到胎兒的脈搏變慢，才趕緊接受剖腹手術。醫生說當時只要再慢個五分鐘，就會來不及救胎兒。

經過這樣一番波折，終於把孩子抱在我的懷裡。小嬰兒動呀動的，還張開嘴打哈欠，他所有的動作都令人感到上帝造物的神奇。就好像抱著宇宙的感覺吧，小小的生命，令我有種無法言喻的神奇幸福感。

養小孩比生小孩更辛苦

由於自己是精神科醫師，經常在治療患者的心理，所以我自認爲對兒童發展的相關知識應該已經學習夠多了。況且在治療患者的過程裡，會不斷接觸有關父母諮商和養育方法的諮商，所以在理論上而言，我應該可以當個完美的媽媽才對。我下定決心要把所學的一切完全應用到孩子身上，當時我可說是自信滿滿。

可是俗話說「僧侶無法幫自己剃髮」，等到眞的當了媽媽，才發覺自己笨手笨腳。尤其在幫小嬰兒穿衣服時，小嬰兒連頸子都是軟趴趴的，眞怕不小心就折斷他的小手臂。還有抱著小嬰兒洗澡時，也必須小心翼翼，生怕他掉到水裡。到了最後，只好請求娘家的媽媽幫忙帶小孩。

我生完小孩四週就回醫院上班，這時候戰爭才要眞正開始呢！我不僅無暇照顧自己的身體，還要加上工作的勞累，而最難過的卻是因爲無法好好照顧小孩而興起的自責吧。或許是因爲這股自責感，有一天下班回家看到小寶寶一個人在哭，我不但沒哄他，還反而抱著他一起哭呢！姑且不論和小孩相處的時間長或短，最重要的是在與小孩相處時，你是否有盡到做母親的最大努力。雖然知道該怎麼做，但是當眞的輪到自己當父母時，才明白實務和教科書教的不一樣。不僅如此，我承認我這個媽媽的確不夠好，甚至還曾經埋怨孩子，覺得孩子是絆腳石。

於是我一方面愛著孩子，另一方面也討厭他們，但我卻在這過程有所成長。所以與其說是我在照顧孩子，倒不如說是孩子在幫助我成長！

孩子在不知不覺間長大

在老大四歲的時候，我又懷了第二個孩子，這次懷孕也是不怎麼順利。沒想到懷老二沒多久，我父親動了大手術，經常需要到醫院探望父親，同時還需要照顧老大，整個人忙得不可開交。經過一番曲折之後，老二終於出生了，但卻發現有先天性心臟病。因爲必須等到十個月大的時候才能動手術，在這之前孩子會一直氣喘，造成我無法好好餵奶，所以我都是熬夜照顧小孩之後，隔天早上還得去醫院上班。那時我每天在祈禱，只要能救活這孩子，我就別無所求，願意這樣過一輩子……

可是每天都將心思花在老二身上的結果，造成無暇照顧老大。當時的我充滿了疲勞和憂慮，根本沒能考慮到老大難過的心情。不，我反而還因此對老大發了脾氣。

很幸運的是老二的心臟手術很順利，也漸漸恢復健康。可是在他胸口卻留下一道長長的手術刀痕，老大則是在心靈上受到創傷。我也留下了傷口，那就是自責沒對兩個孩子盡到媽媽本分的傷口，而且還會隱隱作痛。此後，我在扶養兩個孩子時一直不斷的努力，目的就是想要治癒這幾個傷口。

後來經過很長的一段時間，孩子們不知不覺間已經長大，今年老二要進大學了。回想起來，那是一段不算順利的時光，如今孩子們已經長大，不再需要我的保護，想起來反而覺得有些感嘆呢！

我覺得這一輩子做得最好的事，就是我生下兩個孩子，並將他們扶養長大。所以看到現代人不生小孩的越來越多，就令我覺得惋惜。

將一個凡事都要依靠我的小生命抱在懷裡，悉心照顧，對我而言這是人生裡無法再找到的幸福感。所以我希望各位也都能享受到看著孩子成長的喜悅。只要能以愛心照顧，孩子都能長大成爲有用的人。爲人父母不要只是希望孩子有成就，而是應該要去眞正地愛他們。

你可以試著抛開想成爲模範父母的負擔，因爲這個世界上沒有十全十美的父母，更何況人類在成長過程中原本就容易犯錯。在錯誤當中，我們會萌生包容與體貼，還有感激與幽默，而我們就是在這個過程中成長。所以你能爲孩子做的就是盡量給他們愛，盡量做到十全十美。

還有一點，請放棄對孩子的過多期待，就好像你當初也沒有如父母所期待的一樣，孩子也不想順從你的期望而長大！雖然孩子借你的身體出生，但他們是具備自己靈魂和夢想的獨立個體。你只需要尊重他們，孩子就能充分發揮自己的潛力而成長。有時如果覺得照顧小孩太累，不妨試著退後一步觀察，你會看到一個是有明顯需求的小小孩，另一個卻是沒有經驗而不知如何是好的新手父母，這一幕說不定會讓你覺得既尷尬又好笑呢！

養育小孩就像在和孩子跳華爾滋舞曲。不是單方面的受益，而是需要配合小孩步伐的那種華爾滋舞曲。有時必須拉他一把，有時扶著避免他跌倒，像這樣搭配音樂快樂跳舞的時光，將是一段不再復返的寶貴時光。

已婚者的危險想法，以及其中隱含的婚姻本質

「我的婚姻有損失嗎？」

婚姻顯然不是買賣或交易，不過當聽到有人要結婚時，大家都喜歡比較男女雙方的學經歷、外表、年薪等等。如果婚友社或媒人碰到兩個條件差異太大的人時，根本從一開始就不會去撮合或介紹。雖然有不少人不贊成這種選擇對象的方式，但是當自己碰到這種情形時，卻又很少人可以摒棄這個觀念的拘束。選擇什麼條件的配偶在今日也成了間接顯示社會地位和生活水準的象徵，一般人當然免不了會在意結婚對象所具備的外在條件。

此外，要改變從小所熟悉的生活方式並不容易。一旦結婚之後，兩個人要面對的就是像吃飯、睡覺等日常的生活細節。但是如果彼此的價值觀及生活方式差異太大，很快就會產生一些不必要的摩擦，爲了減少這些衝突，最好的方法就是選擇經濟及文化背景相近的人，這樣就可以降低一些不必要的誤解及溝通障礙。

在電影「編織的女孩（La Dentellière）」中，就細膩地描寫了因男女主角間的差距而使得年輕的浪漫愛情畫上休止符的過程。在假期中來到海邊小村莊的一名大學生認識了村裡的一名少女，他在她清澈透明的瞳孔裡找到了棲息處，擁有純潔靈魂的她包容著他疲憊的靈魂，兩人深深地陷入愛河。

不過當假期結束、兩人一起回到城市之後，彼此間原有的差距便開始日益擴大。青年除了忙著念書之外，還要照顧不熟悉都市生活的少女，爲此他漸漸感到心力交瘁。再加上和朋友聚會時，因爲少女聽不懂他們的對話，常使得聚會氣氛尷尬地結束。在兩人的立場持續感到爲難的情況下，青年開始覺得苦惱，雖然他很愛她，但卻沒有自信可以一起生活，最後他還是決定離開她。少女在回到村莊之後，覺得青年是因爲嫌她又笨又醜，所以才會離開她，她便因此得到了厭食症。

電影以少女在精神病院裡織著白色蕾絲的畫面作爲結束。兩個人的愛情雖然單純，但必須越過的障礙實在太高，在無法克服一切困難後，愛情終於也疲倦了。或許因爲如此，電影所呈現出來的愛情無力哭訴依然留給我無限的餘韻。

位置雖近卻是獨立的兩棵樹，有一天爲了爭奪地盤而枝條纏繞，最後決定合而爲一，它們接受彼此的根基與性質——也就是接受彼此的差異，最後終於長得比獨自存在時更爲強壯、美麗。像這種兩棵樹最後結合成一棵大樹的現象，我們稱之爲「共生樹」，人也是一樣。如果兩個人做好克服現實障礙的準備，愛情就能戰勝很多困難。而在接受並尊重彼此差異的同時，愛情也會更加穩固，並能因此而發現另一個新世界。

不過如果把兩人間的思考模式或生活方式的差異解釋成是因爲愛情冷卻或不相愛所導致，或是把對方當成是闖進自己世界的外來者，愛情就無法克服這些差異，最終將隨之蒸發消失。愛情的結果是勝利還是失敗，取決於個人能否承認愛情的限制，以及能爲縮小彼此的差異做多少努力。

每個人在碰到必須改變自己的習慣或思考方式的情形時，通常都會產生強烈的抗拒。所以萬一你有「我好像比較吃虧」或是「我條件比較差」的想法時，這代表你正在問自己「愛情眞的能克服我們原本的文化及教育差異嗎？」而答案也只有你自己知道。

「完全被騙了！」

在電影「結婚是瘋狂的行爲」中，延熙（嚴正華飾）不想結婚，只想和情人談戀愛，她回答自己對戀人間的甜言蜜語看法：

「儘管是謊話，聽起來也很棒。希望一輩子都能約會，然後盡情地聽著這些甜言蜜語。」

延熙是個聰明的女性，她已經看透一項愛情本質。因爲婚姻生活正是愛情與結婚幻想破滅的序曲。

新婚的甜蜜和心動很快就會因爲熟悉感而消逝，忙碌而反覆的日常生活中夾雜著經濟的邏輯，這時候結婚開始脫胎換骨成「一起生存與生活的家人」面貌。因爲一起經歷瑣碎的生活細節，兩個人慢慢顯現出各自的本性，於是迸發出失望與絕望、驚訝與快樂等各種情緒，變化無常的婚姻生活——也就是「瘋狂的行爲」從此開始。

當看到原本乾淨又神祕的她蓬頭垢面，或是發現他非常討厭洗澡時，你會爲此感到驚訝；而看到結婚前好像可以爲愛情犧牲性命的人，在婚後卻連一根手指頭都吝於付出，這時多半會感到氣憤；當浪漫的婚姻夢幻破滅後，戀愛時所不知道或視若無睹的對方缺點都開始看得一清二楚，這時甚至可能會後悔結婚。

自豪在婚前已經對彼此相當了解的戀人，婚後會莫名其妙地大喊：「完全被騙了！」這到底是怎麼回事？

兩個人在戀愛時，並不會分享所有的事，像是一些小習慣或是日常瑣事、負債狀況、黑暗的家族史等極端個人的隱私，大多都會保留，會互相分享的只有對愛情的感覺和夢想，還有表面上看到的部分。此外也會努力讓對方看到自己想要呈現的那一面。

不過婚後就不一樣了。婚姻將兩人之間的簾幕徹底掀開，就像將那些散置在華麗舞台背後的雜物與道具曝光一樣。簾幕被掀開後，證明了對方並非如自己當初所想像的那樣，於是很多新婚夫妻會在初期發生激烈的爭吵。不過可以將這些爭吵當成是細部尚未密合的兩個齒輪在磨合時所發出的雜音，等到經過一段時間之後，兩個齒輪自然會轉得更爲平順密合。

可是如果無法忍受這種磨合，甚至還憤怒地向對方說：「我被你騙了。早知如此，當初就不該和你結婚。」那就請你冷靜思考一下，是不是以前都用自己的角度將對方過度美化？或者你所期待的只是一個童話裡的王子或少女漫畫裡的女主角？

還有一點，如果想讓婚姻生活過得幸福美滿，有些事就必須要隱瞞對方。對方如果假裝是王子，就把他當成王子；對方如果假裝是少女漫畫裡的公主，那就把她當公主；雖然清楚對方的缺點，卻裝成什麼都不知道。別忘了，這些都是維持婚姻生活的重要技巧。好像束縛，其實沒有束縛；好像放手，其實沒有放手，這樣就可以減少彼此可能受到的傷害，同時也是感謝彼此存在的好方法。

「你不是愛我，你只是需要我！」

在婚姻生活裡，有時心中會浮現這樣的疑問：「對方把我當成什麼？」當對日常生活感到厭倦之時，心裡就會懷疑對方是不是「把我當成賺錢機器」，或是「把我當成煮飯洗衣的傭人」，然後籠罩著一股受害者意識。

當兩個人從情人變成夫妻，進而走入現實生活時，就有許多大大小小的事等著你們去解決。爲了要一起生活，有人必須去賺錢，有人則必須做家事，像是煮飯、洗衣、倒垃圾等等。以前都是父母在做這些家事，那時候會覺得沒什麼，等到換成自己去做時，才發現這些事一點也不輕鬆。

羅賓．威廉斯在「窈窕奶爸」這部喜劇電影中裝扮成一名奶媽，他原本是一名不懂事的丈夫，直到離婚後才了解到如何當個好先生、好爸爸。男主角丹尼爾是個愛好自由、個性天眞的人，常會用一些突發奇想的遊戲逗孩子開心，而他也深愛著太太。不過在和孩子瘋狂大鬧之後，他卻不去想想誰要來收拾殘局，也不去體諒擔負家長角色的太太苦衷。有一天太太終於受不了，決定向他提出離婚。離婚後的丹尼爾男扮女裝，然後回到自己家裡應徵當奶媽。在當奶媽的過程當中，他才知道太太以前有多辛苦、多孤獨。雖然他向太太坦承自己幼稚而自私，但這些都太遲了。

如同電影裡看到的一樣，有人在盡興玩耍的同時，背後必然有其他人的犧牲。就好像小時候去遠足，雖然小孩子都很興奮，可是背後卻是媽媽必須早起準備野餐和背包的辛苦付出。

但是有些人從小就將父母的照顧視爲理所當然，這些人要等到眞正進入婚姻生活後，才會了解幸福並非隨手可得，而是需要付出努力和代價。問題是日復一日的例行工作既無趣又耗時，讓人很難有成就感，因此有的人會開始懷疑，自己這麼辛苦，另一半卻不當一回事，對方是眞心愛我嗎？或者對方只是爲了貪圖輕鬆，才會和自己結婚？尤其對不曾做過家事的人來說，這些工作更加吃力，所以會引領期盼，希望有人默默幫忙，分攤家務。這時會有一種自私的想法開始發酵，認爲對方如果眞的愛我，就應該要像我的父母一樣，讓我休息才對。於是兩人開始爲家事分工的問題產生摩擦。

某種程度來說，愛情的確是一種爲了自我生存而需要依賴對方的感情及行爲，但是只知道一味要求的愛情，卻是不成熟的愛情。不要誤以爲只要自己幸福，對方當然也會感到幸福。眞正的愛情是奠定在體貼的基礎之上，如果想擺脫日常中乏味及消耗性的工作，追求更進一步的幸福，那就要避免傷害對方，然後努力和對方一起分擔繁重的家務。

「如果當初選擇那個人，情況也許會不同……」

對於不曾走過的路，每個人或多或少都有些遺憾，尤其那些感覺自己現在很不幸的人更是如此。不過如果心中一直認爲其他的路有可能會更幸福，那你就會覺得自己像個傻瓜，而且也會更難忍受眼前的不幸。

可能性與現實兩者間的矛盾也存在於婚姻生活之中。結婚以後，戀愛的浪漫逐漸消退，夫妻雙方在不斷重複的日常生活與經濟壓力中掙扎，以往戀愛的記憶變得越來越模糊，而對另一半的無能及缺點也開始失去耐性，情況嚴重時，甚至會認爲自己的不幸是另一半所造成的。於是就像以前希望另一半能幫自己脫離父母的束縛一樣，如今又希望有另一個人能幫自己從婚姻的不幸牢獄中釋放出來。

當初因爲寂寞而結婚，但有時候看到另一半，卻又覺得更寂寞。有的人因此想起了過去曾經交往過的對象或是感覺不錯的人，然後在他們的部落格或個人網站裡流連。有的人則會向每天見面的同事訴苦，最後竟萌生愛意。他們原本希望由另一半填滿、理解及體諒的需求因此而得到了滿足，同時也與對方醞釀出如烈火般的愛情。

所謂「不倫」，這個單字的開始遠較於它沉重的字義來得容易。它祕密地展開，而且熱情又積極。由於兩個人的關係是來自於對愛情的共同夢想，所以顯得更甜蜜，也更難放棄。

但是請仔細想一想，當你和眼前這個陷入熱戀的對象一起生活時，眞的就能幸福嗎？雖然現在對方會包容你、了解你，但是如果兩人在一起生活，會不會又因爲小事而發生衝突或吵架？萬一你是和這個人結婚，之後才認識現在的另一半，結果又會是如何呢？會不會只是換個對象而已，但問題還是一樣？是不是對於婚姻生活中讓人失望的部分，同樣又想找另一個人來塡補？

婚姻生活不幸的另一個原因，就是習慣不斷地拿另一半和別人比較。在決定和一個人踏入婚姻生活之後，大家就常會不自覺地做比較，總認爲別人所選擇的對象似乎更好。「隔壁的老公很會賺錢，人又顧家……」「金課長的老婆會做家事，也很會撒嬌……」另一半聽到這樣的話，恐怕都會大聲回答：「好，那你就去跟他住啊！」可是你覺得別人看起來比另一半好的那個部分，其實並不是對方的全部。沒有人知道，他在家中、在自己的配偶面前，又是個什麼樣的人。

如果你總是只看到另一半的缺點，因而對自己的選擇深感後悔，那就請你回過頭想想自己，因爲你的另一半在婚後並沒有改變，即便是換成其他人，類似的問題還是會再發生，就像那些因爲相同理由而離婚好幾次的人一樣。還有，如果你現在正身處於誘惑之中，不妨好好思考，自己是否只想著那些沒有走過的路，卻忽略了眼前這條路上綻放的美麗花朵?!

「希望你去死」

不知是誰先說出這樣的話？「如果老婆死了，老公會跑去洗手間笑。」光是想像這個畫面，就讓人起雞皮疙瘩——老公用憔悴的臉孔迎接前來弔唁的親友，結果一轉身走進洗手間，卻在暗自竊笑……這番話應該是出自於對婚姻生活感到厭倦的男人們的想像，希望老婆趕快消失。不過老婆們也不單純。每次看到喝醉酒晚歸的老公在那裡發酒瘋，然後吵得全家不得安寧，或許背對老公斜躺著的老婆正在想：

「眞希望老公去死。」

已婚者有時會突然覺得婚姻生活像是監獄，這時就會夢想只有獨自一人的世界，希望旁邊沒有人囉嗦或是要求做什麼事，甚至還會希望最好對方能夠安靜地消失。不過夫妻間的關係眞的很微妙，老婆希望老公消失，但是一旦老公失蹤個幾天，老婆就會坐立難安；而平常不想見到的老婆如果有一天生病昏倒了，老公也會開始擔心老婆會不會丟下自己一個人。

歐．亨利的短篇小說《鐘擺》用喜劇方式呈現出婚姻生活中不可思議的一面。主角約翰有著固定的生活模式：下班回家，和太太吃晚飯，再度外出，找朋友打撞球，打完撞球後再回家。中間穿插著太太的嘮叨聲，使他缺乏興致的生活更爲無趣。

但是有一天打完撞球回來，他卻發現太太不在家。時間一點一滴過去，他心裡越來越焦急。他從未曾想過太太會有不在家的時候，太太就像空氣一樣，已經完全融入他的生活，但他卻不懂得感激。儘管太太不在時，他能夠從束縛的婚姻生活中暫時得到鬆綁，可是他卻什麼事都沒辦法做。約翰開始自責，怪自己只會去找朋友玩，然後把太太一個人留在家裡。就在此時太太突然回來了，回去娘家的她若無其事地開門進來。剛剛還在自責的約翰看了時鐘一眼後站了起來，因爲朋友還在撞球場！

雖然太太不在家，讓約翰對太太的重要性有遲來的領悟，沒想到太太一回家，他就忘了這一切，馬上又回到平常自私的樣子。

透過這篇小說，讓我們再次思考夫妻共同生活的問題。在夫妻之間沒有任何祕密，包括對性的需求及渴望被愛的依賴需求，還有內在的攻擊性、貪心和嫉妒、像小孩般要幼稚的欲望等等。這種相互需要的目的原本是爲了追求生存及幸福，但到後來卻感覺好像受到另一半的束縛，於是又開始希望能夠一個人自由自在。可是當碰到必須一個人時，情況又不同了。一開始可能會有重獲自由的新鮮感，彷彿剛從監獄釋放出來一樣，不過這種心情只是一時的，經過一兩天後，你就會發現自己已經有些坐立難安，吃飯變得沒有滋味，就算可以盡情看自己喜歡的電視節目，也會感覺渾身不對勁。有時還會自言自語說：

「明明已經感到厭倦，爲什麼現在卻覺得空虛？而且爲什麼會懷念那些嘮叨聲呢？」

原因就在於維持夫妻感情、使感情深厚的最大力量就是「陪伴」。雖然有很多事還是獨自經歷，但是與另一半曾經共同經歷的事和感情卻會在兩人之間引起共鳴，而且持續發酵。不僅如此，另一半對夫妻共同經驗的記憶，可以證明這個經驗確實存在，也喚起了這個經驗的生命力。「分享快樂，就等於在同一艘船上。」同樣地，分享感動也能夠引起共鳴，而且能加強並保存這種感動。

連你的小習慣都一清二楚的人；明明知道你的缺點卻還能忍受，而且繼續愛你的人；和你共同寫下人生故事的人；分享現在的經驗，然後將經驗賦予意義及生命力的人，這個人就是你的另一半。不管做什麼事，都有人「陪伴」著你，這不就是人生最大的幸福嗎？

儘管如此，我們還是要繼續去愛

或許人生就像海明威《老人與海》一書中所描述的那位老人吧？老人每天不停地獨自航向狂濤大海，不正是像人生一樣不斷地受苦嗎？書中的老人有時會爲了捉一條大魚而辛苦地奮鬥四、五日，但最後大魚的肉還是被其他魚給吃了，老人最終也只能拉著削瘦的骸骨回到海岸。人生說不定也會有這種情形吧？

在人生最後的時刻，如果眞如剛剛所說的，只剩下那拖回來的削瘦骸骨時，屆時到底還有什麼是值得我們感到安慰的呢？當到了臨終的時刻，在那最後的一瞬間，你想要伴著什麼回憶而走呢？是在學校得到第一名的回憶？有著輝煌成就的回憶？還是中樂透的回憶呢？然而不論擁有多少快樂光榮的回憶，這些眞的可以在我們臨死前讓我們感到安慰嗎？與其帶著這些記憶離開，我倒覺得如果在離開這個世界的時候，有人可以抓著我因害怕而顫抖的手，並在我的耳邊一遍遍輕聲說著「我愛你、我愛你」的話，這才是我人生眞正圓滿的時刻吧！

和所愛的人共同生活的回憶，可以幫助我們減輕對死亡的恐懼，因爲愛的記憶可以提醒我們自己是個重要的人。能和一個你愛他勝過自己的人在一起，這種記憶可以提供我們超越自我的經驗，並可幫助我們超脫死亡的恐懼。在我們要離開世間的時候，如果有個心愛的人在身旁，我們就可以平心靜氣地面對死後未知的世界。

人從一出生起就處在與他人的關係網絡裡，而且終其一生都在這種關係之中。直到死亡的一刻，在世間所產生的人際關係網絡才會消除，就好像人生舞台上的老演員隱退一樣。喜愛老演員的人遺憾地注視著徐徐降下的簾幕，但對於消失到幕後的老演員而言，我們藉由眞摯的喜愛以及離別的掌聲，來爲他艱辛的戲劇人生畫下句點，而我們的人生也是如此。活著時所締結的各種人際關係將決定你如何迎接死亡。

「早上用四隻腳，中午用兩隻腳，黃昏卻用三隻腳走路的動物是什麼呢？」

這是在古希臘有名的獅身人面像謎語，答案當然就是「人」。在這個謎語中，隱喻著人的一生當中所需要的人際關係。小時候需要完全依賴他人的幫助才可以長大；長大後成爲一個獨立的個體，開始能夠用自己的雙腳穩健地開拓人生；然而在年歲漸長之後，你會發現自己無法不依賴別人，而且需要靠著他人的一隻腳來支撐自己活下去。這是我們人生的完美寫照。而在我們所形成的各種人際關係當中，最令我們感到幸福也最能創造人生價值的人際關係就是「愛」。在這當中，男女間的眞摯愛情更讓我們體會到在地球上最無與倫比的幸福，也讓我們猶如置身於天堂一般。

愛是一種最高貴的感情，它讓軟弱的人類孤身在世時得以成長。愛可以抵抗內、外在的誘惑或危險，讓彼此間的關係緊緊相繫；可以讓人敞開心胸，使彼此的相遇更爲眞誠；愛也可以讓我們的人生邁入一個新的階段。這是因爲唯有愛，才有可能打破我們心中的隔閡與禁忌，也才可以在我們年幼時提供機會，讓我們去學習與熟悉原本不會的事。愛使我們成熟，在愛裡面我們可以克服過去的傷痛，從過去的經歷中獲得解脫，藉此更自由地找尋自我，向未來前進。

然而隨著情況不同，愛情也有可能讓人從無比喜樂的天堂落入地獄。就算沒有到達地獄的程度，但是愛情帶給人們的期待、喜悅和幸福有多少，它所可能帶來的失望、傷害及不幸就有多少。這是因爲沒有一種感情能像愛情一般眞摯，也沒有一種關係能像相愛的戀人一般親近。越是懇切期待，失望就會越大；越是和對方靠近，彼此帶來傷害的可能性也會越高。

儘管如此，我們還是要繼續去愛。在金・凱瑞主演的電影「王牌冤家」當中，劇情描述一對情侶因爲心中傷痕累累而決定分手，但是重新相遇之後卻又再度陷入熱戀。由於分手後太過痛苦，他們跑去動了可以將對方記憶完全刪除的腦神經手術。雖然如此，手術之後兩人依然被無形的力量所牽引，又一次在老地方相遇，然後像以前一樣再度爲了對方而魂牽夢縈。然而正當兩人決定交往時，他們突然得知曾經相戀的過去以及彼此怨恨至深而分手的種種，於是開始感到驚慌。首先逃避的是女方，她強烈抗拒著男方。

「你不適合我，我一定會討厭你的。」

但是男方相信他們的相愛是命中注定，他回頭告訴女方：

「即使如此也沒關係……沒關係。」

他重複說著「沒關係」，同時呼喚著女方，就在此時女方的臉龐開始出現光采。

以上是由觀眾票選出電影中最令人印象深刻的畫面。如果是我，我也會選擇這段內容吧。雖然過去嘗過這麼多痛苦，現在的我心中卻還是浮現著「去愛吧」的念頭。如同電影「我人生中最美的一週」一樣，電影中的七個故事就像我們人生的片段，它告訴我們一件事：雖然在綿延不絕的群山當中，眞正越過「開心」這座山頭的時間很短暫，但是因爲可以愛，所以覺得美麗；因爲可以愛，所以感到幸運。在這部電影的結尾用了尼采留下的名言：

「不管經過幾回，都要再來一次！我眞摰的人生啊！」

在活著的時候，如果曾經歷過和某人在一起就有如置身天堂般的愛情，那這個人就是非常幸福的人了。有的人曾有過一次這樣的愛，有的人曾有過好幾次，也有人爲了追尋這種愛而不斷徬徨。但無論如何，即使是不幸福的愛，也都比不懂得愛要來得好。

世界上沒有完美的愛，也沒有完美的現實。任何事都是流動的，不過卻有一項不變的眞理，那就是愛會讓我們變得成熟，也會讓我們的人生因此而完整。

人的心中有什麼？有愛

不能對人承諾的是什麼？是死亡

人爲什麼而活？爲了愛

——節錄自托爾斯泰〈人爲什麼而活〉

5

心理學想對30歲人說的故事

下定決心就能成功

三個評審面無表情，其中一個無可奈何地丟了個問題：

「你打算唱什麼歌？」

表演者的外表平凡。不，坦白說並不平凡，不帥氣的長相加上破舊的西裝，明顯凸出的肚子，更誇張的是連門牙都斷了。

「我要唱歌劇。」

在略微緊張的表演者簡短回答之後，歌曲的前奏立即響起，是歌劇「杜蘭朵公主」中的詠嘆調〈公主徹夜未眠〉。當然，本來沒有任何人注意到他，但是當他開口唱歌之後，評審全都不尋常地變換了姿勢。他的聲音相當有深度，在唱到最後的精彩部分時，表演者以穩定的振動唱法發出高音，全場觀眾聽了一致起立鼓掌。歡呼聲和驚嘆聲不絕於耳，還有好幾名觀眾流下感動的淚水。

上述內容是個眞實故事，表演者是來自英國威爾斯某個城鎮的36歲手機銷售員保羅・帕茲。他從小被人嘲笑其貌不揚、言詞木訥，不過卻夢想當一名歌手，只不過沒有任何地方願意接受他。他爲了完成夢想吃盡苦頭，但是殘酷的命運卻不斷考驗著他。他曾經接受腫瘤手術，也曾經因爲摩托車車禍而傷到鎖骨。雖然連維持基本生計都有困難，但是他沒有放棄當歌手的夢想。

後來他參加可以讓普通人一圓明星夢的英國知名選秀節目「星光大道」，而且如上述內容一樣獲得優勝。他得到十萬英鎊的獎金，還與以毒舌知名的評審、同時也是大型唱片製作人的賽門・考威爾簽下一百萬英鎊的唱片合約。他的首張專輯在英國排行榜高居第一名，發片僅兩週就賣出了三十萬張。他的故事讓許多人感動，而且很快傳遍了全世界，在一星期內就有上千萬人次點看他的影像。如今他的演出行程已經排滿了三年，成爲全世界最忙碌的歌劇演唱者之一。所有人都嘲笑過他，但他還是在36歲的年紀穩健地完成了自己的夢想。

過了30歲之後，人生就很難再有劇烈的轉變。別人在這個年紀都已經決定好方向，而且正在全力衝刺，如果這時還有新的夢想，很容易就被認爲是個未經大腦思考的挑戰。很早就放棄夢想的前輩們對正在徬徨的30歲人這麼說：

「拜託，醒醒吧！夢醒醒吧！你都幾歲了，還在作什麼夢？夢想能當飯吃嗎？把眼前的事情做好，要是連這點都做不到，還談什麼……」

他們的話並不完全是錯的，因爲如果過了30歲還想嘗試新的挑戰，恐怕也沒有什麼地方會敢收留你。不過這也並非不可能，過了30歲後還是可以有新的夢想，只不過不像閒聊別人的夢想一樣那麼簡單罷了。其實30歲以後才開始的新工作，反而成功的機率更高。因爲年過30所具有的各項優點，都有助於夢想的實現。

首先，30歲剛好是理想與現實交會的時期，所以這時候的夢想會比較符合現實，不會不切實際。畢竟已經30歲了，對於自己的能力及現實上的限制都很清楚，所以會將夢想調整成更符合現實。想想自己高中的時候，當時認爲考上大學就是辛苦的結束、幸福的開始，要是沒考上，人生就沒有翻身的餘地，但果眞如此嗎？考上大學後，還有一個競爭更激烈的世界在等著我們，相反地，即使沒考上，人生的路還是很寬廣。很多人是在大學落榜後才找到自己眞正想走的路。也就是說，我們已經脫離20歲時非黑即白的「零和」理論，開始了解到人生除了「最好」之外，還有「次好」，也了解到失敗不代表結束，所以能更坦然接受失敗的結果。

也因此，前面提到的保羅·帕茲心想「如果輸了，就回去賣手機」、「也有可能失敗，只要盡力就好」，就是因爲有這種想法，他才能夠在舞台上完全發揮自己的實力。如果他心裡想的是「萬一失敗就完蛋了」，在那種本身條件不出色的氣氛之下，他或許會因爲擔心失誤而更加緊張，導致無法百分之百發揮實力。

年紀越大還有另一個優點，就是腦部的功能更爲發達，整合力也更加提升。整合能力較高的人，對世界的觀察會更具概括性及綜合性，所以做事情不會像以前一樣短視，而是會從整體、從更長遠的角度去推動。20歲常憑著一股熱情做事，結果失敗的案例居多。相較於此，30歲大多會在開始前先擬出一套縝密的計畫，也因此成功的機率反而更高。

此外，過了30歲會慢慢體認到人生的短暫，這個體認會促使自己更踏實地投入想做的事。年紀大的優點就是能夠眞正了解自己喜歡什麼，而且會去省察如何在短暫的人生當中做出眞正有意義的事。所以這個年紀也會領悟到，就算和別人競爭得到了勝利，對自己也是件空虛而不具任何意義的事。

像這樣了解到自己的能力有所限制，然後找出自己眞正想做的事，並將自己的夢想融入現實，這些能力都是20歲年輕人所欠缺的。

《哈利波特》系列造就了一名比英國女王更富有的作家——J.K.羅琳，她發表《哈利波特》第一集時是32歲。大家都知道她在出版這本書之前相當窮困，甚至需要靠政府的救濟金過活。對一個小孩剛出生不久的離婚單親媽媽來說，要找份工作以及安身之地原本就是件困難的事。

不過她並未因此而絕望，依然繼續默默地寫作，因爲她根據20幾歲時在職場上的多次失敗經驗，了解到自己的專長在於寫作。既然找到自己最想做而且最有把握的工作，過去的人生對她而言也就沒什麼好後悔了。儘管她的婚姻失敗，工作也不順利，但這些都不是問題，她只知道埋頭努力寫作，最後終於讓她的人生有了大逆轉。

由此可見，30歲才開始投入另一個新的領域絕對不嫌遲。不，應該說就算在30歲失去了一切，還是可以從頭再來。中谷彰宏以《20歲人要做的50件事》這本書成爲百萬暢銷作家，他30歲那年就從辭去做了八年的工作開始。

「我要走了。」

在廣告公司工作的這段期間，跟上司說出這句話的那天是我人生中最美好的一天。我按捺不住內心的興奮，忍不住笑了出來，因爲我知道自己想做什麼，所以上司也留不住我。只不過因爲叫我先別跟其他同事說，所以我連最好的同事也沒說，但我還是忍不住笑了出來。

想要做什麼、什麼時候開始做，這些都不重要，最重要的是擁有多少熱情、做了多少準備，以及用何種心情開始。還有要像前面提到的中谷彰宏一樣，一旦內心深處做出決定，就不要再猶豫不決，這是所有挑戰遠大夢想的人們共同的心聲。

席捲美國PGA的高爾夫球選手崔慶周出生於全羅南道一座叫莞島的小島，他的綽號叫「坦克車」，他在某次媒體訪問中提到自己很喜歡這個綽號，因爲「坦克車是無法往後退的武器」，而他自己正是個一旦跨出去就不會再回頭的人。最近戲劇性完成夢想的保羅·帕茲也說過，實現夢想的第一步是盡全力，接下來就是不要往後看。

如果你在30歲以後清楚自己要什麼，你就不要害怕作夢。只要你希望自己能在眞正喜歡的領域裡獲得成功，只要你肯把願望化爲行動，而且不懼怕失敗，你的夢想就會有實現的一天。儘管一路上充滿危險，有時甚至可能跌倒，但千萬別忘記，人生的成功是屬於敢作夢的人。

30歲，能夠愛得更熱烈、更誠摯

J是報社記者，每個週末的聯誼幾乎成了他固定的行程。

但是他和這種場合認識的女孩子交往卻不曾超過三個月。儘管沒有發現對方有什麼討人厭的缺點，不過也沒有找到什麼可以下定決心去愛的理由。與其這樣糾纏，他覺得還不如早點分手比較好。現在他的年紀已經步入30歲中半，周遭的人開始問他：

「你到底在等什麼？」

嗯，我在等些什麼呢？J也這樣默問自己。難道還在期待像20歲當時所交往、20歲中半分手的初戀感覺？不，那段感情在好多年以前就已經徹底切斷，而且完全放棄了，如今不會再有20歲當時像烈火般的愛情。別再期待了，一點也不期待！

一旦年過30，開始踏入所謂「老先生、老小姐」的行列，通常就會被認爲熱烈而浪漫的愛情已經宣告結束。這個年紀的人大多談過一兩回戀愛，也曾嘗過失戀的苦澀滋味，所以會對愛情產生悲觀、冷漠的想法。他們不僅不再信任愛情，心中的熱情更是早已冷卻，於是他們毫不猶豫地告訴爲愛情所苦的晚輩們：

「愛情哪有什麼？只是因爲沒什麼大缺點，也沒什麼讓人討厭的地方，所以才會交往。什麼人都一樣，你以爲會有什麼不同嗎？」

他們也看過周遭有的情侶愛得死去活來，等到婚後卻又彼此憎惡，最後終於走上離婚一途。當然還有更多的夫妻雖然沒離婚，卻早已貌合神離，等於和離婚沒兩樣。如果年過30歲的人經歷過這些事情，他們會有種好像這輩子已經過完的感覺，所有事情也會變得毫無樂趣。

不過要是因此認爲他們完全不期待愛情，這可是天大的誤解。之所以會對愛情冷漠，是因爲他們不想再爲愛情而受傷，但其實他們內心對愛情的渴望，比任何人都更強烈。問題在於他們所期待的愛情太過理想化，導致他們很容易對愛情失望，即使是他們期待的那種理想化的愛情根本就不存在。

不過這算是幸或不幸？因爲愛情的感覺一輩子都不會退化，而且就算上了年紀，它的熱度也不會冷卻。超過七十歲的老人有可能像青春期的男孩一樣陷入熱戀，愛情的火苗也隨時隨地在我們心中蠢蠢欲動，一旦等到某個時機有氧氣供給，火苗就會開始醞釀成熊熊烈火。一般人總以爲年紀越大，對愛情的熱度也會減退，但並非如此，其實年紀大的人對愛情反而更熱情。

爲什麼會這樣？這是因爲年紀越大，我們心中隨著時間所累積的經驗越多，透過這許多直接、間接的經驗，我們會了解人生更多的層面；還有年紀越大，我們也會經歷許多內心的矛盾掙扎，同時和其他人不合理的一面產生碰撞，進而了解到人類所具有的欲望及限制。這些經驗讓我們能夠以更寬容的心去對待他人，也讓我們能夠接受並釋放過去所恐懼、壓抑的內在欲望，最後甚至讓我們有能力去享受欲望，並將其視爲生命的活力。

所以年紀越大，我們更能坦然、充實，並勇敢地面對自己的欲望。此時不僅能率直地讓對方知道自己要什麼，同時也能自然地接受對方的要求，相互分享彼此的快樂，創造出更幸福的時光。這也是年紀越大，談戀愛就會更熱情的緣故。

另一方面，我們會依據過去的戀愛經驗，學習到如何避開危險的陷阱。當你了解愛情的限制後，你就不會向對方提出太多要求，也懂得珍惜遲來的感情，變得更加體諒對方，然後一起分享更深刻、更踏實的愛情。

還有一點，年紀大的好處就是知道怎麼去判斷一個人。在超過30年的歲月裡會認識許多人，多少也幫助我們培養一些觀察人的能力，所以至少能夠看出對方適不適合自己、對方爲人如何等等，降低和錯誤的人談一場錯誤戀愛的風險。

如果羅密歐和茱麗葉都是超過30歲的人，而非十多歲，那故事又會如何發展呢？已經在社會及經濟上獨立的他們，應該能夠完全靠自己的力量去戀愛，不需要爲了想離開反對的家人，而去尋求神父的幫忙，更不需要殉情，所以悲劇也不會發生。當然，他們會在自己的價值觀及感情牽引之間有些衝突，也會對因他們的愛情所產生的影響深思熟慮，更會去摸索讓兩人愛情順利的務實做法。換句話說，他們不會像十幾歲的羅密歐與茱麗葉一樣，讓盲目的狂熱愛情將自己燒成灰燼。

正是因爲這些特質，使得年紀大的人很難投入一段戀愛，因爲在開始談戀愛之前，必須要先克服自己內心的衝突。但也不要因爲自己在戀愛的過程中有太多現實的考量，就嘲笑自己是個「俗物」，畢竟年紀大的人責任感較強，當然會思考自己能不能對愛情負責。而且年紀大的人更務實，能夠避免自己像年輕人一樣衝動，或是因爲愛情而盲目，所以讓愛情開花結果的可能性也越高。

愛情，隨時都可能找上我們。如我們前面所提到的，因爲年紀而累積的經驗及包容力，可以讓我們享受更熾熱的愛情。也因此，就算超過30歲，也沒有理由對愛情悲觀。不需要放棄，也不需要忐忑不安。30歲的你，能夠擁有一段更瀟灑、更熱烈、更安全的愛情，前提是你必須能從過去學得一些經驗，而且現在仍然懇切渴望愛情。

下定決心就能幸福

H是18歲的女高中生，平日她費盡心思在校服的穿著上變換花樣，到了週末又忙著學大人化妝打扮。還有一點，就是她會抽菸，而且抽得很兇。我在一旁看了很擔心，有一天終於決定和她談一談。

「抽菸讓妳覺得幸福嗎？」

雖然要問出答案不容易，但最後我還是得到一個聽起來像是肯定的消極回答。

「妳的身體應該不怎麼幸福吧？也許妳現在不覺得，但再過一段時間，妳就會知道了。」

「那要等到什麼時候？」

「嗯，最晚大概是30歲左右吧？」

但是當我嘴裡一說出30歲這個字時，她馬上強烈地反駁。

「反正過了30歲以後就會不幸福吧？」

她說自己抽菸抽得很兇，可能也活不到那個時候。感覺好像活到30歲就會發生什麼大事一樣。

為什麼擁有想要的一切，卻還是不幸福？

每個人一過完年，就會增加一歲，所以30歲早晚都會來到。我學生時期的一位朋友就和H一樣，覺得自己會活不到30歲。不管是H或是那位朋友，爲什麼他們會覺得30歲很恐怖？又爲什麼他們能夠斷定，30歲不會幸福？

「幸福」在字典上的定義是「因爲不虞匱乏而感到快樂、充裕、滿足」，但是到了30歲卻很難有這種感覺，反而這時候比較容易感到不幸福，因爲過去夢想中的理想世界將被冷漠而痛苦的現實取代，人們更容易爲此感到挫折、憂鬱。

尤其現在是個幸福剩餘的時代。連續劇和電影每天都上演著幸福而華麗的生活，商品廣告中也不斷傳遞著「買了它，就能感到幸福」的訊息，現在的幸福已經被商品化，所以人們產生一種錯覺，以爲幸福是可以花錢買來的。

只不過用物質換來的幸福既短暫又空虛，因爲不斷會有比你手中更好的東西出現，所以我們的欲望永遠無法獲得滿足。當我們發現有一樣東西比曾經令我們幸福的東西更好時，我們會覺得自己擁有的太少，當然這就成爲不幸福的原因了。假設我們很幸運，有足夠的錢買想要的東西，但難道就沒有比那更好的嗎？所以錢再怎麼多，也不會覺得幸福。根據各國調查的幸福指數結果，幸福指數最高的國家是孟加拉或奈及利亞等貧窮國家，可見幸福感和金錢並沒有關聯，而是決定於對現在的生活是否感到滿足。希臘哲學家就曾經說過：

「擁有想要的東西，是莫大的幸福；但更大的幸福是不去想那些無法擁有的東西。」

我們最幸福的時刻

現代社會是個講求形象的社會，所以人們在意的不是自己感覺幸不幸福，而是別人覺得自己看起來幸不幸福。大家總是在相機面前擺出如明星般的笑容，表現出幸福的模樣。不過越是這樣，內心就會越空虛，爲了塡補這種空虛的感覺，反而更會強迫性地執著於幸福。

如此一來，就有可能對幸福感和快樂產生混淆。其實最強烈的幸福感是發生於本能毫無限制獲得滿足之時，但很可惜的是這種快感有如火花般稍縱即逝。如同火花熄滅後更加黑暗一樣，當強烈的感覺消逝後，隨之而來的也是更深的空虛。人們爲了擺脫這種無力的空虛感便開始尋求更強烈的感覺及更強的刺激，於是沉溺吸毒或性愛的人越來越多。

幸福並非只是爲了做表面工夫。不管別人怎麼想，自己能感覺幸福才是最重要的。《泰晤士報》曾經做過一項有趣的相關問卷調查，他們收集讀者所認爲「最幸福的人」定義，並將收集的結果整理出以下順位：第一名是剛堆完沙堡的小孩；第二名是剛幫小孩洗完澡的母親；第三名是剛完成一件精緻工藝品、吹著口哨的木匠；第四名是剛完成一次艱困的手術、救活人命的醫師。從這個結果可以知道，我們眞正感到幸福的一刻是把該做的事情做完，或是發現自己對他人而言很重要的時候。

還有一項研究可以支持這項調查的論點。倫敦大學的鮑德・沙維博士研究小組將生活的滿足度區分爲從「悲慘」到「幸福」七個階段，然後對一萬個人進行問卷調查，結果顯示最能讓人感到幸福的就是友情和成功的人際關係。這點我們可以找到類似的佐證，像是那些在歷史上或世界上具有卓越成就的人、能夠克服巨大逆境的人，或是對自己生活感到高度滿足的人，他們的背後都有願意信賴他們、支持他們，以及愛護他們的親密關係。

只是期待不幸能遠離——這樣是不夠的

幸福的另一個問題就是感覺幸福的時間太短暫。幸福的時刻很快就會過去，馬上又回到一成不變的日常生活。平常的日子平凡而無味，稱不上幸福，但也不至於不幸福。沒有人可以永遠幸福，不管再怎麼幸福，總會有回歸到極端平凡的時候。

但是沒有必要因爲覺得平凡的生活是種不幸，就強迫自己一定要去追求不一樣的東西。

如果想要幸福，反而更需要忍受令人厭倦的平凡生活。冷漠主義者聽了可能會這麼說：

「幸福？幸福是種迷信，也是種誘惑。它就像一場很快就會醒來的夢。當幸福的時光結束時，我們就會回到繁瑣的平日。我們的生活只是一段忙著追求幸福，最後卻發現自己其實很不幸的過程。」

如果你也這麼認爲，那就請換個角度想一想。只要眞心渴望，我們就可以積極地得到幸福。在《祕密》這本書裡，達朗・拜恩（Rhonda Byrne）調查了數世紀以來擁有成功及財富的人們共通點，並發現宇宙中存在「吸引力法則」的事實。當我們集中積極渴望一件事物時，它就會眞的完成；相反地，即使你不希望發生，但卻還是經常意識到或想起那件事時，最後它還是會發生。也就是說，無論正面或負面的想法，只要一直想著那件事，宇宙間就會產生吸引力，讓那件事發生。

我在進行心理分析的治療過程中，也常常經歷到類似的現象。每當病人在諮詢中提到自己因爲過去某段特定記憶所苦時，剛好病人身上就會發生和這個煩惱相關的事。例如曾經有位女性患者描述起她小時候生病總得不到父母的關心，而且父母還覺得她很煩人，就在此時，這名女性患者的小孩也剛好突然生病。她專心照顧小孩，把自己過去渴望的關愛都投注在孩子身上，藉此獲得替代性滿足。然而在照顧小孩的同時，她感受到辛苦及厭煩，也因此終於體會到自己的父母在當時的心情。

我寫書時也發生過很多一樣的事，那是幾年前我在寫一本和愛情有關的書籍時。在那一年裡，我讀了各種和愛情有關的書籍及論文，並把寫好的文稿寄出，很巧的是，此時受愛情困擾的患者突然激增，甚至有超過70歲的老先生因爲愛情問題而造訪醫院。等到隔年我開始寫和憂鬱症有關的書籍時，這種現象又持續發生。當我專注於憂鬱的主題時，竟又聚集了許多因憂鬱而訴苦的人們。

像這樣，只要切實地渴望或專注一件事，那件事就會眞的發生。因此只要你懇切地渴望幸福，幸福就會到來，光是期待不幸遠離是不夠的。心裡一直想著不幸的事別發生，這樣不僅無法避開不幸，反而還會浪費力氣。要是我們一心一意期待著幸福，我們眼中就能看見通往幸福的道路，這樣就不會爲了避開不幸而白白浪費力氣，同時也能找到幸福的捷徑。

30歲的你也可以得到幸福，只要你眞心盼望而且相信它會發生。在你眼前就有一片寬廣的土地，雖然會經歷一些孤獨及恐懼，但新奇的冒險也會同時帶來興奮及期待。這片墾地上蓋的是幸福之屋還是不幸之屋，完全在於你自己的選擇。只要你懂得爲一點小事感到幸福，也了解到人生難免會有曲折；還有只要你眞心渴望幸福，最後也相信這個世界經常會回應你的要求，那你蓋好的必然會是一座幸福之屋。

常聽到人們這麼說：

「如果能再回到那時候，我一定不會那樣做……」不過每次聽到這種話時，我心裡就會暗想：如果是我，根本不會想再回到過去……就算回到過去，也不會有什麼不同，除非我可以帶著現在的回憶和想法一起回到過去，否則結果還是會一樣，因爲那就是當時的「我」。

每次想到這裡，我就會想起一個病人。有一天，30歲的泰永右手臂下方突然麻痺，他跑去醫院看病。在做過神經檢查後，確認並無發現任何異常，麻痺的現象也與神經學上的症狀不同。儘管如此，泰永還是一直喊著手臂已經失去感覺，完全不能動彈。大家皺著眉頭，認爲他是在裝病。

雖然泰永的麻痺是局部、暫時性的，但卻是眞的。泰永有個只要一喝酒就會毆打家人的父親，從小到大，他一直懷著強烈的敵意及憤怒。前幾天他和一個喝醉酒的老人吵架，老人一直要惹他，他對老人說：「喂，請你放手！」然後作勢要打老人。沒想到那個老人重心不穩，跌倒在地上。老人一邊大喊：「年輕人打人囉！」一邊在那裡裝痛。泰永很生氣，很想揍老人一拳，但又怕對方受傷，所以沒有出手。

就是從那時候起，泰永的手臂突然開始麻痺。當時泰永很想發洩平日壓抑在心中那股對父親的憤恨，但是當泰永看到那個老人跌倒時，他突然擔心又自責，怕自己的憤怒有可能傷害到父親，這時泰永所能做的就是讓自己有傷害他人危險的右手麻痺。當然這些過程是在泰永自己沒有意識到的情形下所引起的。不過以泰永的自我強度及精神結構來看，那種方式卻是當時解決衝突的最佳對策。

有一位叫做德瓦的心理分析家曾經說過：「病人永遠都是對的。」這句話是說，我們必須承認一項事實，那就是不管病人採用哪種防衛機制、出現哪種症狀，這都是病人自己當時所能做的最佳對應方式。泰永的情形也是如此。當時他可以選擇的方法有好幾種：他可以甩開那個人，然後離開那裡；也可以教訓那個老人；或是把那個老人帶到警察局。但是泰永並沒有這樣做，他選擇的是讓自己的手臂麻痺，因爲這是他所能做的最好防衛。

所以這時候要做的並不是去責罵他裝病，而是要先理解並體諒他不得不如此做的苦衷。只有這樣，才能讓他麻痺的手臂恢復正常。

當時的你已經盡力

你也是一樣。每個人都曾經後悔過，認爲過去會犯下錯誤都是因爲當時做了不正確的選擇或決定，如果能夠重新回到過去，就可以做出更正確的選擇，而不會做出那個不成熟的決定。但是請再仔細想想，當時你爲什麼會做出那個決定，迫使你不得不如此的理由是什麼？如果那是你經過深思熟慮後所做的決定，那不就是當時最好的決定嗎？雖然以你現在的判斷能力來看並不覺得好，但那也只是因爲你已經經歷過所有的事，才會這麼想。所以不要浪費時間去回想及後悔過去的錯誤，最重要的是，過去的經驗造就現在的你，而你現在的決定是對或錯，未來總會讓你知道。

「別忘了，你都是對的，即使你過去曾經犯錯。」

這是動畫片「未來小子」裡魯賓遜太太對主角路易斯所說的話，所以當路易斯修理花生奶油擠壓器失敗時，魯賓遜家族還是爲他拍手歡呼，他們是爲雖然失敗卻已盡全力的路易斯拍手。不管有沒有魯賓遜太太這句話，你也都是對的，因爲你總是盡力去做每件事。還有就算你在那一瞬間的判斷有錯，你只要能從失敗中學習教訓，然後繼續向前走就可以了。

我們從很多成功的經驗中學到一個教訓，那就是「重要的不是失敗，而是能不能從失敗中學到什麼，然後重新站起來。」況且小失敗可以防止更重大的失敗發生，如果不曾失敗過，將來就有可能面臨更難過止的慘痛失敗了。

30歲，是最好的禮物

30歲，對於想再盡全力往前衝的你來說是最好的禮物。30年歲月所給的禮物，就是讓你可以自由選擇你想做的事，還有讓你可以主動掌握自己的人生。

首先，30歲的你已經擁有隨心所欲的自由，當然這不代表具有任何保障或確定性。儘管如此，因爲你在經濟上或心理上已經完全脫離父母獨立，所以能夠自由選擇你想走的路。只要你清楚自己想要什麼，而且不怕失敗地朝目標前進，夢想終將有實現的一天。

還有一點，30歲也帶給你對自我的認同以及主動性。過去的你只是個無法擺脫內、外在世界壓力、被動而無力的人，如今在建立自我認同之後，你已經產生足以掌控狀況的自信，也得到對自己的正面肯定。現在的你蛻變成一個主動的人，可以決定自己的人生，並懂得爲自己的人生負責。這種對自我的確信，正是你面對不確定性未來的最大原動力。因爲有30歲送給你的確信及自在，你才能夠眞正地享受人生。

30歲也是成人當中最美麗的年紀。這個年紀不像20歲一樣缺乏歷練以及過於理想化，會開始承認人與世界的各種面向；這個年紀會逐漸理解與自己不同的意見其實也很重要；還有這個年紀會用整體的角度來看問題，而不再只是片面。不過30歲還是很年輕，它依然洋溢著20歲的活力及熱情。所以30歲是個受到祝福的年紀，這時不僅能以好奇心及熱情來面對人生，同時也開始能以更寬廣的態度接受人生。

30歲前一定要打的強心針

金惠男◎著　定價260元

《30歲前一定要搞懂的自己》找出讓你不安的緣由，
《30歲前一定要打的強心針》提出更具體的解決方針，
52個心理問答，
教你聰明面對30歲前後的人生！

這52個問答：

1. 人生任何時候都可以從頭再來
2. 任何人都可能發生任何事
3. 卸下冷嘲熱諷的面具
4. 不要做失去好奇心的行屍走肉
5. 世界本來就是不公平的
6. 不要讓過去支配現在
7. 愛上生活的每一道傷疤
8. 不要落入自憐的陷阱
9. 坦然面對內向的性格
10. 真的猛士敢於面對自己的傷口

⋮

51. 讀書會改變你的生活
52. 努力讓世界變得更美好

金惠男醫生透過這五十二個心理問答，想要告訴你：
當你面對自怨自艾、孤單、嘲笑、憂鬱、原諒、愛情、自卑心、自殺衝動、猜忌心、絕望、恐懼……的時候，要如何更愛自己，珍惜人生？如何建立良好人際關係，學會真誠？如何幸福地擁抱成功，創造快樂？

要讓你知道：
你才30歲，請相信一切皆有可能！

國家圖書館出版品預行編目資料

30歲前一定要搞懂的自己（新版）／金惠男著；蕭素菁譯——二版——臺北市：大田，民104
面；公分.——（Creative 073）

ISBN 978-986-179-376-4（平裝）

1.自我實現　2.生活指導

177.2　103021761

Creative 073

30歲前一定要搞懂的自己（新版）

金惠男◎著
蕭素菁◎譯

出版者：大田出版有限公司
台北市10445中山區中山北路二段26巷2號2樓
E-mail：titan3@ms22.hinet.net　http：//www.titan3.com.tw
編輯部專線：（02）25621383　傳眞：（02）25818761
【如果您對本書或本出版公司有任何意見，歡迎來電】
行政院新聞局版台業字第397號
法律顧問：甘龍強律師

總編輯：莊培園
副總編輯：蔡鳳儀　執行編輯：陳顗如
行銷企劃：張家綺／高欣妤
校對：陳佩伶／蘇淑惠／謝惠鈴
新版：二〇一五年（民104）一月一日　定價：280元
國際書碼：978-986-179-376-4 CIP：177.2 / 103021761

廣	告	回	信
台北郵局登記證			
台北廣字第01764號			
平	信		

To：**大田出版有限公司（編輯部）收**

台北市 10445 中山區中山北路二段 26 巷 2 號 2 樓
電話：(02) 25621383　傳真：(02) 25818761
E-mail：titan3@ms22.hinet.net

From：地址：……………………

姓名：……………………

＊請沿虛線剪下，對摺裝訂寄回，謝謝！

大田精美小禮物等著你！

只要在回函卡背面留下正確的姓名、E-mail和聯絡地址，
並寄回大田出版社，
你有機會得到大田精美的小禮物！
得獎名單每雙月10日，
將公布於大田出版「編輯病」部落格，
請密切注意！

大田編輯病部落格：http：//titan3.pixnet.net/blog/

智 慧 與 美 麗 的 許 諾 之 地

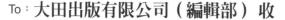

wawa劉瑞琪◎繪圖

讀　者　回　函

你可能是各種年齡、各種職業、各種學校、各種收入的代表，
這些社會身分雖然不重要，但是，我們希望在下一本書中也能找到你。
名字／＿＿＿＿＿＿＿＿＿　性別／□女 □男　出生／＿＿＿年＿＿＿月＿＿＿日
教育程度／
職業：□ 學生□ 教師□ 內勤職員□ 家庭主婦 □ SOHO族□ 企業主管
□ 服務業□ 製造業□ 醫藥護理□ 軍警□ 資訊業□ 銷售業務
□ 其他＿＿＿＿＿＿＿＿＿＿＿＿＿＿＿＿＿＿＿＿＿＿
E-mail/＿＿＿＿＿＿＿＿＿＿＿＿＿＿＿＿ 電話／＿＿＿＿＿＿＿＿＿＿＿＿
聯絡地址：
你如何發現這本書的？　書名：30歲前一定要搞懂的自己（新版）
□書店閒逛時＿＿＿＿＿書店 □不小心在網路書站看到（哪一家網路書店？）＿＿＿＿＿
□朋友的男朋友(女朋友)灑狗血推薦 □大田電子報或編輯病部落格 □大田FB粉絲專頁
□部落格版主推薦＿＿＿＿＿＿＿＿＿＿＿＿＿＿＿＿＿＿＿＿＿＿＿＿
□其他各種可能 ，是編輯沒想到的＿＿＿＿＿＿＿＿＿＿＿＿＿＿＿＿＿＿
你或許常常愛上新的咖啡廣告、新的偶像明星、新的衣服、新的香水……
但是，你怎麼愛上一本新書的？
□我覺得還滿便宜的啦！ □我被內容感動 □我對本書作者的作品有蒐集癖
□我最喜歡有贈品的書 □老實講「貴出版社」的整體包裝還滿合我意的 □以上皆非
□可能還有其他說法，請告訴我們你的說法
＿＿＿＿＿＿＿＿＿＿＿＿＿＿＿＿＿＿＿＿＿＿＿＿＿＿＿＿＿＿＿＿＿＿
你一定有不同凡響的閱讀嗜好，請告訴我們：
□哲學 □心理學 □宗教 □自然生態 □流行趨勢 □醫療保健 □財經企管□史地□傳記
□文學 □散文 □原住民 □小說 □親子叢書 □休閒旅遊 □其他＿＿＿＿＿＿＿＿＿＿
你對於紙本書以及電子書一起出版時，你會先選擇購買
□ 紙本書□ 電子書□ 其他＿＿＿＿＿＿＿＿＿＿＿＿＿＿＿＿＿＿＿＿＿
如果本書出版電子版，你會購買嗎？
□ 會□ 不會□ 其他＿＿＿＿＿＿＿＿＿＿＿＿＿＿＿＿＿＿＿＿＿＿＿
你認為電子書有哪些品項讓你想要購買？
□ 純文學小說□ 輕小說□ 圖文書□ 旅遊資訊□ 心理勵志□ 語言學習□ 美容保養
□ 服裝搭配□ 攝影□ 寵物□ 其他＿＿＿＿＿＿＿＿＿＿＿＿＿＿＿＿＿＿
請說出對本書的其他意見：

大田出版有限公司編輯部 感謝您！

＊請沿虛線剪下，對摺裝訂寄回，謝謝！